傳奇總裁 贏在心性

常如山付出與獲得的人生智慧

愛爾麗醫療集團總裁
常如山 著

自序

態度 讓人走出不一樣的路

我是愛爾麗醫療集團總裁常如山。愛爾麗從二〇〇〇年創立迄今已超過二十年，無論在醫學美容領域的實力和知名度，放眼大中華區皆堪稱第一。

不過社會大眾對我比較多認知，要算二〇一九年因購置房地產被媒體戲稱「掃樓」、二〇二一年有意買下台灣《蘋果日報》又上了新聞。報導標題時常可見「神祕買家」、「暴富」等聳動字眼，實際上哪有天上掉餡餅這麼好的事。

身為一個眷村出身、從基層業務白手起家的創業者，我的條件跟一般人沒什麼兩樣。能做到旗下擁有醫學美容、健康管理醫院、愛兒麗產後護理之家、預防醫學抗衰老中心、瑞佛牙科、樂力適疼痛科治療診所、蓋亞基因、醫材儀器代理、地產開發等事業，全憑「態度」二字，一步一腳印累積。

所謂態度，源自父親自我幼年時期的啓蒙，在日常生活裡以身教、以機會教育一點一滴傳授，外界看來逆向思考的、難以想像的策略或做法，多來自父親給我的觀念。他說人生最重要有三件事：樂觀、付出和忠誠。換成白話：

1. 少敵人就是多貴人
2. 吃虧就是占便宜
3. 尊敬每個人事物

年輕時候我有點懵懂，好奇這些道理的眞實性，但經過了幾十年，現在的我懂了，爸爸是對的！

這本書，獻給對做生意、對累積財富、對經營管理有興趣的朋友，更獻給我的父親常樹新先生。

常如山

目錄

004 自序 態度 讓人走出不一樣的路

01 父親 點燃志向的第一道明燈

014 念書最後一名無所謂 做人要第一名
020 錢是老天暫借 奉獻與付出最快樂
026 我不避稅

02 創業 當堅毅如山

034 賣什麼都是在賣自己
042 膽識與眼光 持續創造財富
048 先吃虧才能成局
056 用金錢管理 與員工形成共好

068 逆境惜恩 順境惜情
074 用人首重品德
082 有質 就有量
090 質 也有目標

03 投資 要靈活如水

096 買商辦 地段帶來綜效
106 看房眼光 從經驗和人脈來

04 危機 是距離成功最近的踏板

120 疫情是威脅 也是機會
128 夢想需要不怕失敗的堅持
136 以自有資本 從核心延展多角化經營

144 透過內部創業與產學合作 培育人才
148 帶員工 從管自己做起
154 分析、判斷、行動 理性走出逆風
166 創業者的起點和志業

05 志業 回歸本心

180 八仙塵爆傷者 來就免費治療不用審核
184 捐贈電擊槍 讓遺憾不再發生
190 做公益 也要做出影響力
196 捐 要捐在刀口上
202 捐資源 更捐士氣
210 眞心愛運動 熱情贊助體育賽事
216 警民合作抓搶匪 爲所應爲
220 長期捐贈 目標一百輛救護車

Ch. 1

父親 點燃志向的第一道明燈

❶ 念書最後一名無所謂 做人要第一名

每個人的行事做風，大多有脈絡可循。家庭環境、成長背景可以說是形成脈絡的重要因素之一。從做業務員到自己創業，過程中不知碰過多少艱難險阻，可是我不但挺過來還樂在其中，常對人自稱「無可救藥的樂觀主義者」，座右銘是「夢想需要不怕失敗的堅持」。會有這樣的特質，得從成長環境說起。

父親是江蘇南通人，陸軍砲兵排長，跟著部隊打過長沙會戰、台兒莊大戰、八二三砲戰。真的打過仗，也真的殺過日軍兩百七十五人——他對這些毫不隱瞞，會跟我和哥哥、妹妹講。在大時代底下，人沒有選擇，何況軍人！對日八年抗戰打得轟轟烈烈，打日軍打完想說輕鬆了可以回家，結果緊接著國共內戰，部隊拉出去再打，一路跟著國民黨從大陸輾轉到台灣，顛沛流離，非常辛苦。

到台灣以後，落腳在台南的影劇三村。這個地方在如今的台南市永康區建國里，由蔣宋美齡女士於一九五六年向影劇圈人士募款集資興建而成，所以取名「影劇」。當時全台一共設立了七個影劇眷村，分佈在北中南各地，用意在鼓舞前線作戰官兵士氣，以及安定後方現役軍人和遺眷。

父親做到中尉，因爲要照顧家裡就退下來了。他加入軍隊時和多數人一樣約略國中學歷，退伍又早，爲了維持生計，做過水泥工、擺地攤、賣生活用品、賣花、賣布等等什麼都做，可想而知我的家境並不寬裕，然而我們家在精神上乃至行動上，向來都是大方開闊的。

我對念書興趣不大，喜歡打抱不平的個性加上愛運動，參加過田徑隊、排球隊，有體力、有魅力，簡直像孩子王一樣，身邊總有小跟班前呼後擁，大夥還會喊我一聲老大。

像我這樣的學生電視電影裡常有，大部分被歸類在頭痛人物，但我們家不是這樣看。父親跟我說，人一生中功課念不好沒有關係，考最後一名都無所謂，行行出狀元，你要做廚師做什麼，反正有一技之長都可以，重點是「做人」，做人比念書還重要！念書最後一名無所謂，做人要第一名！

這個觀念不要說在一九七〇、八〇，那個信奉「萬般皆下品，唯有讀書高」的年代，就算放到現在，相信也很少有父母會篤定地對小孩說；「做人比念書重要。」不只如此，不管考試考幾分，他從不罵人，永遠只有「你很好」；考不及格，他說「你很棒，再加油就好」，從來沒有不好的。他還誇我聰明，說我未來是不得了的小孩，「以後你要照顧好哥哥和妹妹。」

在那個年代，從周邊環境到家裡，物質雖然貧乏，但心裡卻非常富有。眷村人情味很濃，孩子們特別團結；生活方面，譬如說柴米油鹽醬醋茶有缺，到左右鄰居家借就有，人與人互相幫助、彼此體諒，真的很有愛。而我們始終也接受到正向教育，讓你很有自信心，知道自己被愛，完全沒有嚴父恨鐵不成鋼那套，我一直覺得是全世界最快樂的小孩！

把你好的東西分享給別人，這樣人緣才會好。

一九七〇年代，在那個物質還很匱乏的年頭，小學二年級時班上每個人都是用木頭鉛筆，寫鈍了就拿刀片削尖。父親很疼我，給我買了削鉛筆機，而且教導要懂得分享與付出，帶去學校給大家用。我聽從他的建議，把削鉛筆機帶去學校和同學一起使用，哇，沒想到下課時一堆人排隊來借，連隔壁班都來，每個人用完了以後客客氣氣跟我說謝謝，我人緣又更好了。

還是那個「做人要第一名」觀念，他說：「你要把好的東西分享給別人，這樣人緣才會好。」「不能樹敵，任何事情吃虧沒關係，吃虧是佔便宜，什麼事情吃點虧無所謂。留得青山在，不怕沒柴燒。」一個上過戰場，歷經抗日與國共戰爭的軍人父親，對小學二年級的孩子談人生道理。

道理並不偉大，誰都會講，然而在手頭不寬裕的情況下還能對人大方的，又有幾人呢？

言教不如身教，父親做的，永遠比說的更多。

2 錢是老天暫借 奉獻與付出最快樂

父親所給價值觀都很樸實，大多帶有宗教情懷，是一種不要求回報的「施比受更有福」，生活中他也不厭其煩地向我們傳達待人處事的態度；他總說：

「去照顧別人；
對長輩要尊重；
對同輩要尊敬；
對晚輩要提攜；
人前人後講話要一致；
做人要講話算話；
手心一輩子要向下不能向上，不能去跟人家討。」

他認爲人世間最快樂美好的事情，不是吃大魚大肉或擁有有多少財富，而是去幫人家，分享那顆喜悅的心。這樣的態度，直接影響了我的經營思維。

為什麼沒有把賺大錢放第一位？

一來父親自身個性；二來在戰場看過太多生死；第三，看透了錢財乃身外之物，生不帶來死不帶去，既然帶不走，不如把那份心傳出去。記得小學時候，操場上有個翹翹板是我爸捐的。一碗麵才新台幣十塊錢的時代，他捐了造價四千五百元的翹翹板給學校。之所以記得，是因爲學校有在上面刻捐贈者，同學們講起翹翹板上的名字，我會害羞，不好意思說那是我爸。

「日行一善」對於我父親而言不是一句口號，而是身體力行的行動。以前軍人哪有錢，純靠省吃儉用，但他寧願自己苦也見不得別人苦。好比有個房間租給一對小兒痲痺夫妻，名義上講租，實際上他從不向人家拿租金。小時候我完全不理解，我們家明明也很需要錢，他爲什麼要這樣做？後來他才說：「人就一個臭皮囊，心態決定境界高低，外在的東西都是假象，既然只是『暫時』，有什麼好在意的？」

他常掛在嘴上：「人世間最快樂的事情，就是奉獻與付出。」

我出社會以後漸漸體悟這段話，有三個層次：

1. 一般人，不管做什麼工作，把家人照顧好，人生就一百分了。
2. 如果有能力開公司做事業，把員工照顧好，不能虧欠人家，這是最重要的。

3. 再行有餘力，要對國家社會有所貢獻。

「錢＝金戈戈，好壞都在一念之間」

我父親說人世間兩個東西最重要，一個是命，一個是錢。「錢」這個字拆開來看，金的旁邊有兩個戈，兩把刀的意思。把錢用在好的地方就做好事，用在壞的地方就變做壞事。一塊錢逼死英雄好漢是眞的，你沒錢的時候要去借，甚至有人去偷去搶，好現實。另一方面，你不管一生中得到再多錢，那也是老天暫時放你這的，你有使用權卻沒有所有權，它又變得很哲學了。

當你了解錢來去的原則，在捐贈行動上會很自然，純粹感受幫助人的喜悅。而令我感到驚喜的是，我發現自己這些年做公益的行為，直接影響了許多人。舉例來說，總部在北部，經營不動產的某董，身家估計六百億到一千億，土地近兩千畝、員工近千位，在業界絕對是「大老」等級！他很欣賞我的行事風格，長年來用行動跟著我一起做公益。爲什麼？人家看過太多有錢老闆了，往來百億身家的朋友一堆，可是捨得的很少，所以他會跟著我們去做，對於有這樣的影響力，我感到很欣慰。

付出不用等，有多少能力、多大心量做多少事。像我父親對小孩，買個削鉛筆機給全班分享；對身障朋友免除房租，說不上多大金額，但對比我們家當年的經濟狀況，相較顯得彌足珍貴。而今我的事業稍有規模，對內照顧員工，對外協助社會上需要協助的人，都是基於同樣初衷。

如山筆記

「人世間最快樂的事情，就是奉獻與付出。」

3

我不避稅

我不避稅，該繳多少稅就繳，很多人好奇怎麼可能。話頭要從出價買台灣《蘋果日報》講起。

起初，愛爾麗是《蘋果日報》母公司壹傳媒長期的廣告客戶，台灣、香港兩邊都有些認識。當消息傳出黎智英要賣台北內湖的辦公大樓，我有去聊過，本來要買壹電視那棟，想用來做產後護理之家，後來因爲樓梯設計跟使用區域沒符合相關規範，就沒繼續往下談。由於跟壹傳媒一直有往來，後面得知香港關閉而台灣有意求售的時候，我覺得它品牌有一定知名度，因此參與出價。

想買台蘋有兩個原因：

1. 在媒體這一塊，蘋果基本上品牌不錯，我覺得收掉可惜，可能內容再調整一下，像八卦那部分，雖然讀者喜歡，可是畢竟做媒體看定位，對廣告客戶端來說，會希望降低腥羶色比例。蘋果很多新聞做得不錯，像是國際新聞、產業新聞、房地產、影劇、即時新聞、社會新聞這些都很厲害，可以繼續做。

2. 在商言商，我們長期投廣告花那麼多錢，不如自己買下一家媒體，方便做整體搭配。

一般買媒體的老闆，通常意圖拿媒體做一些政治操作，可是我沒有。我們沒有受政治力影響，也沒有政治意圖，甚至也沒有黨派傾向，不過事情一碰媒體就複雜，外界硬要給你扣個帽子。

幸好，我的出發點很簡單，禁得起檢驗——你到底是誰？做過什麼事情？都可以檢驗，這不是一天兩天可以操弄的事件。舉個例子，你看我個人一年繳多少稅，數字調出來，可能比檯面上的科技業老闆繳得還多，沒什麼可爭議！我明明繳那麼多稅給國家，不講公司，單純看個人就好了，僅僅我個人一年繳兩千萬的稅，一切都不言而喻了！明白的人就知道我沒有在避稅，明明有會計師協助可以節稅避稅，我卻沒有，很多人問：「爲什麼不？」

我只要把所有公司掛境外，稅率就是二十%，就不用算到個人的四十%，直接省一半；但我沒有避稅，因爲不需要。我父親說錢根本帶不走，錢是很不好的東西，把錢字拆開，金戈戈，「金字表面兩把刀」，用對用錯，變好變壞一念之間。新聞中常有大老闆過世後，子孫爭家產的事件？那些財產留下來，富二代富三代很容易揮霍無度！這樣的結果對國家有貢獻嗎？藏那麼多錢給他們，每天吵吵鬧鬧的，兄弟姊妹反目成仇，對社會有付出什麼嗎？留財產給小孩幹麼？沒有必要。我希望未來捐出個人八成的財產作爲公益信託。比起金錢，我們要有「中心思想」，這才是最重要的。

以我們家來說，父親離世以後，留了兩棟房子給我們，我哥說那不是他賺的，不要；我的觀念一樣，不是自己賺的也不要。最後我說要不然給妹妹吧！我們家一直是這樣的氛圍，所以我始終沒辦法理解，爲什麼有家庭會爲了分財產，鬧得不可開交。

我想，歸根究底就是父母給孩子的教育。父母跟我們說錢是身外物帶不走，要有能力、有本事，自己想辦法賺錢。所以我們都很有骨氣，房子是我爸的錢，是他的不是我的，我們自己賺就好，不會想要去爭財產，身外之物有什麼好爭的呢？加上軍人家庭講忠誠，以前戰爭時代講忠黨愛國，黨就是國，必須有中心思想，打仗才知道爲何而戰、爲誰而戰；現在時代變了，不打仗了，我們把目標轉換成「國家社會」，要對國家社會起到正面的示範作用。

當別人問爲什麼不避稅，我的想法卻倒過來：爲什麼要？避稅省下來的錢，進自己口袋徒增煩惱，跟不避稅把錢給國家社會，哪個比較有意義？

如山筆記

「金字表面兩把刀」，用對用錯，變好變壞一念之間。

Ch. 2

創業

當堅毅如山

1 賣什麼都是在賣自己

愛爾麗在亞洲做出成績，事業有成以後，許多人問我成功的秘訣是什麼？我認爲白手起家沒有捷徑，只要夠勤勞夠堅持，沒有什麼是不能完成的。

我是南台工專化工科（現南台科技大學化工系）畢業。一九九〇年代初期，剛退伍，那時念化工有兩條路：一條是去南部大型化工廠，像奇美化工、長春化工，進到大體系裡上班；一條是去做業務。我個性好動，選了後者。

第一份工作是跟著哥哥和他同學做 **RO** 逆滲透淨水器業務，做陌生拜訪、跟催聯繫、到客戶家安裝維修等等。前後做了差不多兩年，時間不算長，成績還可以，學了很多東西。

做業務首重開發，但客戶不會一見到面，聽我們講幾句就買，所以要勤勞、堅持，一次、兩次、三次，接著五六七八九十次，跑到最後，沒有需求都會跟你買，這就是人性！人是有溫度的，這是很奧妙的，客人眞的把心胸打開時就會對你掏心掏肺，可是在那一秒來臨之前，你完全不知道。

有了這段歷練，學到很多寶貴的銷售技巧。當然，我的個性本來也是喜歡跟人互動，加上坐不住，恰巧做業務要跑來跑去、常講話、跟人打關係，做著做著，貴人多、機會多，所以一有好機會，人家自然會第一個想到我。

後來碰到一個學長在經營香水代理，他知道我的業務能力好，直接問我要不要過去幫他，於是我轉換跑道去做香水業務。這時候已經從職場菜鳥晉身有經驗的前輩了，當時我的心得是：賣任何東西不是賣產品，而是賣個人理念和對方利益。換句話說，如果你個人的魅力夠、人緣好，很多東西在推廣的時候，人家都會給你機會。這段時期，我從努力經營人際關係的業務，升級成讓人產生好奇與好感的朋友，進而主動找我下單。最關鍵的原因就是我把「自己」這個商品經營的夠好。

做業務最常碰到拒絕，怎麼辦？

說實話，客人拒絕你只是剛好而已，誇張一點趕你走，這都是身爲業務的必經之路！遇到這個狀況應該要開心得不得了，因爲對方等於幫你增進處理難題的功力。我會自問：「他幹麼要理我？他幹麼跟我買？他不理我、把我趕出去，反正再找下一個拜訪就好了。」是的，就這麼單純。

心境不一樣，高度就跟著不一樣！我常說態度改變很多東西，有的人遇到困難，馬上高掛「算了」，好像很瀟灑，其實不好，那是負面思考，我想正向思考。跑業務的時候，當遇到困難，我腦袋跳出的畫面是一個「遊戲」的開始，用遊戲闖關的心態去面對，辛苦和疲勞感頓時就消失大半。他不理我，他說有困難，都沒關係，看怎麼克服讓他理我，慢慢溝通讓他願意買。

對自己：先處理事情 再處理情緒

事情就在那裡它不會變，你覺得難它就是難，怨天怨地怨一堆，於事無補。我是軍人家庭出身的，軍人碰到任務有狀況可以說我不做嗎？軍人以服從爲天職，我們從小看的、學的，就是去面對、去處理、去解決。

事情不變，會變的是我們的想法和心態，什麼都不用講，冷靜下來，先處理事情再處理情緒；可是九成的現代人會選擇先發洩情緒，發完了才做事情，所以很多東西沒辦法聚焦，或沒辦法清楚地去做調整，都是因爲情緒擺太前面了。

我當時負責嘉義以南，要賣香水給服裝店、服飾店、精品店這些通路，去一次兩次人家不理你是正常的，所以要回推這個老闆是什麼個性，這一兩次不買的點到底在哪？下一次再換個方式溝通。有的人沒耐性要快快進入重點，有的人要慢慢跟他磨，個性不一樣，切入點也要跟著換。俗話說見面三分情，一次兩次不理，第三次，他覺得你挺認眞的，開始問這個怎麼用、怎麼賣等等等，成交機率就增加了。

所有銷售行爲都是在賣你個人魅力，一定要讓對方先喜歡你、信任你，才會給你機會。哪怕只有一分鐘、一杯茶的時間，都是很大的信任了。你要想，在店頭現場，大家忙得要命，有些老闆要一邊帶小孩，有的又有工作情緒，所以察言觀色，累積待人處事的經驗值，判斷對什麼人、在什麼情境該用什麼招，是非常重要的能力。

我也是人，遇到事業瓶頸偶爾也會情緒低落，回家看我爸，跟他講講話、吃吃飯就自動完成充電。有時候，他會用很另類的角度提點我，他說挫折的時候去殯儀館走一圈，有的生命年紀輕輕就走掉，你還活得好好的，有什麼問題不能克服？

每個人都有他心靈的支持點，要找到那個東西，它會是令你保持前進的動力。像我，從小看爸爸工作很辛苦，於是立下志願一定要把事業做好，讓他放心、開心，這就是我的動力。

如山筆記

挫折的時候去殯儀館走一圈，有的生命年紀輕輕就走掉，你還活得好好的，有什麼問題不能克服？

2 膽識與眼光 持續創造財富

我的業務生涯，從挨家挨戶賣RO逆滲透淨水器，到跑通路推廣香水，不只熟悉to C（面對消費者）、to B（面對企業）的生態，更打開自行創業的契機。

當時跑的美容院、精品店裡面，有一家叫做「5顏6色香水／化妝品連鎖專門店」的保養品專賣店，在南部小有名氣，當我得知經營者不想做了，我大膽地毛遂自薦，跟老闆說要把店盤下來，所謂「盤」，不是頂下店面而已，包括品牌、貨物都全盤接收。一般人做這種決策，會先準備一定程度資金或者找人合股，可是我講這個話的時候，存款其實是很有限的，但我卻也沒想找外部投資者，就決定一人頂下。

憑什麼？就憑膽識。

老闆看我有誠意要接，開價四百二十萬。一九九六年，我先拿手邊存款一百五十萬出來付頭款，剩下的兩百七十萬元開十二張票，等於一個月要還二十二萬五千元。因爲獨資，每個月要靠營收去付票款，每天硬碰硬，壓力非常大。

很多人問我失敗了怎麼辦，其實我光想怎麼還錢都沒時間了，哪有空去想失敗，很奇怪的邏輯吧！但也就因爲沒有回頭路，才逼得我必須勇往直前。我常說做生意有時候要有霸氣跟膽識，如果想太多越想越怕，越怕越退！那都不用做最安全了。一般人不敢去碰的，我反而覺得可以拚拚看，先把它拿下來再說。

熬過一個階段以後，生意漸漸步上軌道，我們的品牌知名度越來越高，五年內在台南、高雄接著開第二家、第三家、第四家，又接了當時還沒做醫美的 SPA 會館愛爾麗，平均進度一年開一家。營運內容方面，同時有門市通路、有產品、有化妝品原料批發，消費者與企業主經營同時並進。很多人做到這個階段，不是重複做差不多的事情，就是坐辦公室數鈔票了，而我，堅持在第一線觀察市場。

站在第一線聆聽 才能搶先商機

天道酬勤，就像前面講過做業務要勤勞、要堅持一樣，做老闆的在第一線，可以直接聽到消費者心聲，隨時做調整以貼近市場。

二〇〇〇年，因緣際會讓愛爾麗由一家地方 SPA 館逐漸往結合醫學方向移動。

愛爾麗由美容轉型醫美，與我在第一線的觀察有密切相關。差不多一九九九年起，我們在現場賣保養品的時候，聽很多客人講皮膚科醫生說她膚質過敏，這個不能用那個不能用。我心裡漸漸有一個感覺：未來好像會由醫學主導美容。換做任何一個消費者，保養品店員說和醫生說，你會聽哪個？毋庸置疑是皮膚科醫生更值得信賴！那麼，有沒有可能醫療跟美容做結合？

起心動念後，我在二〇〇〇年開始著手找人、洽談、買機器等等，一直到二〇〇二年才在台南開出第一家醫學美容診所，是台灣最早創辦醫學美容的業者，整合皮膚專科、整型外科、生活美容、SPA、瘦身等專業的綜合診所。類型上，屬於複合式的美容診所，完全打破人們對醫學單科的認知。

做「第一個」聽起來很酷，實際上要改變市場認知非常辛苦。前三年，我每年投入一、兩千萬元，廣告費像無底洞，很多人不看好我，可是我確定方向對了，不戰到最後一兵一卒，絕不退縮。

爲什麼敢？因爲我對美容產業生態理解夠深！

第一層，大環境：台灣人寵愛自己的意識抬頭，消費能力高，單身人口更明顯激增，業者只賣產品不夠，要有更特別的服務才能勝出，獲得消費者青睞。像前面說的，誰能統合解決膚質和美麗兩大需求，市場就跟誰走。

第二層，行業環境：在愛爾麗醫學美容診所出來之前，市面上美容做美容的，診所做診所的，皮膚科、整形外科等等，各自有做得很好的業者，但彼此涇渭分明，沒有人跨到「對面」去。

我們自有門市，門市即通路。有通路、有客群，有看見還沒人做的藍海市場，怎麼把兩條平行線變成黃金交叉線，就是執行的問題了。我是南台科技大學化工系畢業，又不是學醫的，學歷高、收入高的醫生爲什麼要跟我合作？我的態度，就是能不能踏入醫美藍海的最大關鍵。

怎麼做？又是父親說過的話：吃虧就是占便宜。

如山筆記

做生意有時候要有霸氣跟膽識，如果想太多都不用做啦！一般人不敢去碰的，我覺得拚拚看，先把它拿下來再說。

3 先吃虧才能成局

一提「吃虧就是占便宜」，給人的印象無非阿Q、老生常談之類，負面比正面多。可是愛爾麗能從地方美容 SPA 會館，不只三級跳，應該要說八級跳成爲橫跨大中華區的醫美集團，起頭想法就這麼簡單。

跟醫生合作第一步，誠信；第二步，要懂得讓利，你要懂得先吃虧才能成局。反過來說，我不吃虧沒有人要跟我合作，連第一家都開不起來。要把醫學和美容兩條平行線拉成黃金交叉好不好做？很難做，沒關係，我來跨第一步，因爲我的想法不一樣。讓利讓到什麼程度，基本上就是一面倒的合約，條件都以醫生利益爲優先，等於合約他訂的，必須做到這個程度，這個局才能成。

有人問我爲什麼願意吃這大虧？對我來說，這個「局」能成比什麼都重要，我想放手一搏，不留遺憾。我知道醫生也曉得我需要他，條件很敢開，底薪一個月三十萬，手術抽成很高，買設備器材再抽。曾有發生過要進一台七十萬的機器，他報給我一百四十萬，買一台賺一台，過程我都清楚，可是我講過吃虧就是占便宜，知易行難，這種虧一般人是很難做到的！

我眼光看的是長遠價值，既然認定整合醫學和美容是未來趨勢，在可以做的前提下，怎麼會計較眼前小利，我可以預測到未來十年、二十年是怎樣的狀況，我比人家還要早先入這一行，看得很清楚，所以心裡很篤定。

還有，除了前面說過的消費者心理、產業環境之外，我對競爭品牌也有一些觀察，其中最重要的就是「經營者心態」。環顧既有的美容、瘦身相關品牌，經營者陸續上了年紀，等風向變了，他們不一定有力氣跟著變。經營事業要有錢、有想法，還要有體力。我當時才二十九歲，說錢沒人家多，但是想法、體力絕對夠，時間站在我這邊，有本錢拚，這個油門一腳踩下去，人家絕對很難跟上來。

當然，我也是人，年齡數字也會一年一年變大，現在的我，會以張忠謀五十五歲才創辦台積電來砥礪自己，年紀是限制也可以不是限制，能不能開創局面，並且持續變化來因應時代，打了天下還要守天下，再擴張天下，才是重要關鍵。不是光傻傻守在那裡，事業的壽命，要看經營者的企圖心。勇往直前，一路努力下去，切忌半途而廢。一般來說，一個行業差不多十年光景，愛爾麗創立超過二十年還如日中天，就是最好證明。

回來講醫生。跟醫生簽了合約以後，先開第一家，像我先前盤下5顏6色香水／化妝品連鎖專門店，每個月要付很高的支票票款一樣。萬事起頭難，前面一兩年很辛苦，每件事都要親力親為去做調整，營運才慢慢上軌道，漸漸打開口碑。做事業，你必須要去釐清很多東西的優先順序，責任跟義務要搞清楚，心臟要夠強大，接住各方壓力，否則，根本不會成局的。眼光、責任、勇氣缺少一樣，就不會有愛爾麗這個品牌。

順勢隨緣：順大環境的勢 隨夥伴和客人的緣

先成局，再從整個局勢裡面去做調整，這個思維我是跟孫立人將軍書法所寫「順勢隨緣」學的。順大環境的勢，隨夥伴和客人的緣，不斷地做調整，同時尋找自己的位置跟立場，釐清哪些要變？哪些不變？客人的偏好、流行的趨勢會變，要彈性配合，機動性調整；但是最核心東西必須堅持，不能變，像任何行業都會因「人」而產生異動，所以我們在人員編制、運用，包含對同仁、對顧客的態度都放前面順位，對人要非常非常好，這個大原則絕不能變。

在創業過程當中，我講最多的是哪一句話你知道嗎？

答案是：對不起。

看到狀況不如人意、不如己意，先說對不起，在對不起當中去找到自己的位置。我可能根本沒錯，可是先「吃虧」，退一步放下身段，先道歉，很多事情就解決掉了。我常開玩笑打比喻，違規時被開罰單我先跟警察道歉，你知道嗎？十個有八個都不會給你開罰單，他覺得你態度太好了，就算要開，也只給你開幾百元罰鍰的小罰單。

吃虧、讓利會不會委屈？我說過了，外在都是假象，更何況我知道自己要什麼，階段性的吃虧，不是傻傻吃悶虧，人也要知道自己的底線在哪？話說回來，每個人承受度不同，有的人吃虧十萬、一百萬就受不了，而我對醫生的合約條件和投入建立的成本，外加每年八位數廣告費，心臟不夠強的，兩三下就倒了。

事實上，當你眞的爲大局著想，對人客客氣氣，心態會很自在，自然不會有吃悶虧的感覺。我父親說人生每天要過得開心，有飯吃七分飽，快樂似神仙。麵包饅頭隨便吃，吃飽就有好心情。或許是我常感到滿足，從創業到現在，我對人、對任何事物想法都沒變，也沒有覺得自己多了不起。

事業想達到一定的目標，必然要經歷一些犧牲或吃虧的過程，這種態度，也同樣反映在我的管理風格上。

如山筆記

先成局，再從整個局勢裡面去做調整。

4 用金錢管理　與員工形成共好

愛爾麗開了第一家醫美診所後，我和同樣是創辦人的總經理劉貞華女士在現場待了半年，只要醫生、護理師、美容師有什麼要幫忙處理的，全部親力親爲，認眞參與每個細節。有人說：已經是好幾家美容店老闆了，還在第一線打拚，很辛苦吧！我說年輕有什麼好辛苦的，換成我父親八年抗戰那個年代，飯都沒得吃，我們這個哪有辛苦，有客人來、有錢賺，快樂得不得了！

其實，這就是「責任感」，你要清楚自己的責任是什麼，人生眞正目的是什麼，做什麼像什麼，就像軍人要保衛國家，我們做生意就是要把服務做到最好、最到位，就像日本的職人精神，做好每一個細節，尊重自己的工作。

當老闆也是要做什麼像什麼。

很多人認爲當老闆有權有錢，高高在上，自以爲多了不起。曾經有醫生跟我談，開頭第一句「老闆」，我馬上打斷他，大家溝通一下老闆是誰，我說客人才是老闆，沒客人會有你跟我嗎？你是誰、我是誰，什麼都不是！

這個理念延伸到招聘人才，以醫生來說，可以接受顧客至上的人留下來，不能接受就讓他走。錢很重要沒錯，但我們是做醫療服務的，醫德大於錢，我們先看醫生的品德、心態，再看技術，這個順位是天條。尊重客人，有服務精神又有好技術才行，所以我們留下的醫生都是最好、最優秀的。

「金錢管理」同時解決兩大離職原因

醫生都是人中龍鳳，一路優秀上來的，很多人好奇我怎麼管理。我的觀念是：我們是同僚，共同把醫美事業做好，把客人服務好，過程裡需要不斷地溝通。具體執行方式，就是：金錢管理！別家薪水十萬，我給你二十萬，一樣是我讓利、尊重你的專業。馬雲說員工辭職理由由各種原因都有，歸納起來只有兩點，「錢，沒給到位；心，委屈了。」金錢管理同時解決這兩個問題。

很多老闆說人難管，我認爲是因爲老闆自己太摳了。任何行業都一樣，我不相信幫你賣命的那些人，是因爲制度好、平台好、舞台好、品牌大，他才跟你流血流汗。員工們不是來交朋友，也不是來跟你談戀愛的，他來最重要是想賺錢，給員工好待遇是穩定事業的基礎。不是說愛爾麗現在發展好才這樣講，我們從以前就這樣做，能儘量給就給，也給資源，好比打廣告，協助同仁更好推業務，更有機會賺獎金，讓他獲得更多利潤和成就感，他就會更願意「拚自己的事業」，沒錯吧？

愛爾麗最大的資產是人，其他都是假的，員工一起努力打天下，只要表現好就直接發錢，要對員工好，才能留住人才，這些好人才自然就會幫企業爭取更好的獲利，這是企業經營的「善性循環」。

給了好待遇、好環境，有沒有不知足的？當然有。不光是愛爾麗，新聞有時會看到高科技業、公家機關，各種公司都會有這樣的狀況，那叫個案，社會上百分之九十九都好的。碰到有狀況的員工，用宗教觀點來看，算是勞資雙方彼此的「業」，是每個人生命裡要做的功課。我是這樣看的：人生裡每個「業」會影響到最後一筆總分，比如你做很多好事、正派的事，老天爺給你打兩千分；做很多偷雞摸狗傷天害理的事，打負五十九分。不是我們個人評斷，是老天去評斷。我相信順乎天理，合乎人性是最好的管理模式。

無法複製的經營團隊

當然，我遇過不少情況是，我前面已經給了好待遇，給了高資源，還不知足，東挖西挖，以爲自己單飛會發展更好的，實際上沒辦法複製我們。爲什麼？

第一，愛爾麗有今天的局面，是多少年累積下來的經驗。內部有員工、有技術、有設備，但這些只是看得見的；外部是客人對我們品牌的「信任度」。新聞有時候會報一些國際明星、名媛貴婦來我們這邊，一次出手動輒上百萬甚至千萬，沒有具備相當程度的信任基礎，單靠複製貼上是做不到的。

第二，經營團隊一切思考都是以公司利益爲前提，個人利益放後面，如果有私心就完蛋了。假如每個股東私心都很重，一定做不大。只看我平時的捐款，就知道我並不看重個人利益，幾百萬、幾千萬捐出去都沒在計較了，會去貪個人多一點少一點嗎？我們幾個都是苦出來的小孩，沒有資源，每一塊錢都要想辦法自己生，這種沒有私心，又具備企圖心、意志力的團隊，哪有人能夠踢得倒？

從以前開始，遇到困難都是我先出去處理，因爲軍人的天職就是不怯戰。所以當對手怕你，當你無所畏懼的時候，你根本就沒有對手，哪有人敢欺負你，你就全贏。贏了以後有資源，加上意志力強、敢讓利，人家會更尊敬你，循環越擴越大。一個整天挖牆角爲私利的人，格局天差地遠，有辦法對員工做金錢管理嗎？能創造正向循環的影響力嗎？

敢給福利 自然共好

給員工好福利，對勞資雙方都好。我們講共好不是嘴巴上講，是眞的做。薪資方面，在平常業績獎金之外，平均每六個月做適度調薪，還有一年兩學期子女獎學金，只要時間允許，我一定親自頒發，鼓勵同仁的子女。所以業界制度大部分是跟我們後面走的。

愛爾麗體系到今天全部直營，員工全部專人，所以說在控管品質部分會比較穩定，沒有外部的監察人員，整個團隊向心力強，人員的流動率一直維持在很低的百分之三到四；在中國大陸的愛爾麗也是一樣，流動率比例非常低——這個成績在大陸很不容易，常常薪水差個幾百塊人民幣就跳槽了，要有這樣的忠誠度，在制度和人心方面都要下功夫。

醫美屬於專業的特殊技術行業，如果人員流動大，很多事情要從頭再來，醫師也是，團隊也是；反過來說，人員越穩定，大家越有默契，越能共享經營效率。

醫美產業敢砸錢的人很多，台灣有，大陸更多！重點來了，第一點，因爲我們都是台灣的團隊，一切以公司最大利益爲考量，所以在核心價值、在鞏固領導中心這一塊，不是有錢就搬得走！我們的核心是有很多很多革命情感在裡面。

第二點，我們是技術取勝，所有的醫生訓練都很紮實，他們也不會因爲錢就跑掉。這個行業挖角很嚴重，競爭大、很難經營，很多出去馬上就倒掉。

福利好不好，聽我說不如聽員工說

愛爾麗員工流動率低的主要原因，還是回歸到我的初衷：公司最重要的資產就是員工！我們員工各方面條件都比同業平均高出很多，在人資培養上我們走的是長線佈局，路遙知馬力，時間會證明我們的成果。

「愛兒麗產後護理之家」內湖旗艦店執行長王翠瑛，在二〇一九年接受媒體採訪時說過，我是一個「熱情的企業經營者」。她認爲我事業版圖成功有三大基石：

1. 提前掌握社會經濟成長之後，消費者對追求美麗與健康的大需求，創造出醫學美容的龍頭事業版圖。

2. 精準投資不動產，大手筆地爲集團體系「店面置產」，佛心照顧員工、爲高端職員「無憂安居」。而這些長期持有的資產，以穩健的資產增值回報。

3. 凡是對集團業績成長有貢獻的員工，愛爾麗集團「金錢管理」的獎金手筆絕不吝嗇。

愛爾麗創立到現在超過二十年了，版圖還在擴大、營業額還在拉高，時間會證明，在這個前提之下，我們更能在整個產業裡占一席之地。

如山筆記

員工們不是來交朋友，也不是來跟你談戀愛的，他來最重要是想賺錢，給員工好待遇是穩定事業的基礎。

5

逆境惜恩 順境惜情

從盤下「5顏6色」走上創業路，到帶著愛爾麗發展成醫學美容集團，很多人看我在媒體上講話、捐款氣勢很強，以為一路以來順風順水，實際上哪可能這麼美好。

剛做5顏6色的時候，資金壓力很大，一度軋不過來，只好把東西全部當掉拿來周轉，接著再回家找家人借錢。我父親一直很支持我，我哥也是，各自把多年辛苦攢下的幾十萬存款提出來讓我救急。碰到問題，家人還是很重要的後盾。

幾十萬現在講起來好像不大，可是你要想，當時物價多少，人家一個月賺多少、可以存多少，說全身家當不過份了，願意無條件支持我創業的家人，我銘記在心。人家說親兄弟明算帳，這個帳我不但算，更要加百倍、千倍奉還。後來生意做起來，想買房子給我哥，而他跟我父親一樣很樸實的個性，他說不需要，但我仍執意登記給他和妹妹。

不只錢　好人才同樣要珍惜

「愛爾麗」這個名字是我們創辦人之一、集團總經理劉貞華女士想的，意思是「因愛而美麗」。會和劉總認識也是機緣，當初她在做愛爾麗 SPA 美容館，我在做 5 顏 6 色，剛好有廣告行銷公司介紹我們認識以後，我跟她提說我們可以合作，把愛爾麗推上做醫療跟美容結合的品牌。

從那時候算到現在也二十多年，她做每件事都很踏實，眞的是非常低調的幕後推手。一方面算個性，一方面也算分工！我主外，外面有什麼都衝著我來；她負責對內的經營跟管控，非常有責任感，再結合我這個「過動兒」，可以說是開拓與守成的完美搭配。

做事業，求財是一定，不過劉總和我早已經跳脫這些設定，我們工作的目的不在於賺錢而已，是因爲喜歡做第一名，而且想對員工交代，那種不想輸的企圖心，而且是兩人都具備這種格局，才能並肩作戰。

那麼，都是好勝的人，意見不一致怎麼辦？這時候先打開耳朵聽。因爲大家都以公司利益爲前提，再來討論哪個方法對公司最好，凡事以公司利益最大化爲優先，沒有處理不了的事。如果有私心，合夥沒幾下就一拍兩散了，哪可能一起帶著公司從台南小店家，做到橫跨大中華區的集團？俗話說「共患難易，同富貴難」，對於合夥、合股的人來說，感受一定深。沒賺錢的時候，有危機感，咬緊牙關撐啊；等賺錢了，賺少了分不夠，賺多了不夠分。計較的心一出來，怎麼分都不對。我一直很感恩有劉總共同承擔和分享，一起擴大愛爾麗的版圖。

一個人的能力畢竟有限，外在的順境逆境條件更不是自己主導，唯有保持感恩的心，比較容易碰到好的人事物。幫我們一把的人，絕對泉湧以報；一起打拚的夥伴，在發展的過程中，即時給予實質回饋，讓人更有歸屬感，更樂於共創新局。有些朋友說，不認識我之前，覺得我很霸氣，認識我以後，覺得我很「惜情」，原因就在這裡。

如山筆記

保持感恩的心，比較容易碰到好的人事物。

6 用人首重品德

任何事業都是從「人」開始的，我們常說人事、人事，有人才有事。看人、用人這塊，我特別重視品德，包括醫生，也是先看品德再看技術。醫術可以練，品德是一個人的本質，可以從與他說話的過程觀察出來，本質這種東西基本上不會變。

我們有一位王修民院長，合作十幾年了，從草創時期配合到現在。當時是因爲朋友介紹認識，像這樣資深的醫生待過大醫院也自行開業過，對各種環境的優缺點都很清楚，剛好我們需要有經驗的醫生，他看我們環境單純福利又好，一做就做到現在。中間他做過台南的院長，目前則擔任我們桃園的院長。

我們有輪調，王院長認同我們的理念，對公司向心力很高，像接受媒體採訪的時候，他會主動說明：「現在有不少消費者會想用消脂針來解決雙下巴或其他脂肪的困擾，其實台灣有經過FDA/歐盟/衛福部認證合法的消脂針只有一種，消費者在選擇上需要更為謹慎，當然，愛爾麗在這方面已經為消費者做好嚴格把關了。」

「一般診間常見消費者來諮詢的就是肉毒，玻尿酸的療程。除了醫師本身技術之外，當然產品的選用對於效果也會有很大的影響，因為原廠正貨的效果可預期，產品有經過科學文獻佐證使用上也更為安心，輔以醫師在療程後的追蹤照護，不但可以增加消費者療程中的舒適度，同時也會建立消費者對我們的信賴與信心。」

同樣的話，從醫生口中講出來，公信力又更強。醫美是以「人」的產業，術前的溝通、術中的討論、術後的維護、後期的追蹤，每個環節我都要求員工一定要落實。有良好的溝通，才可以讓施作結果與消費者的期待相符。如何做到良好溝通？其中包含同仁自我情緒的管理、細心貼心的人格特質，以及具有絕對的美感，才能針對每位顧客量身打造符合期望的結果。

不僅是王院長，我們的許多同仁都會注意在療程中提供讓消費者滿意的成效、建立他們的習慣、打造讓人賓至如歸的安心醫療環境，也會協助推動集團醫療資源整合，從牙科、疼痛科、SPA到健檢中心，培養客人對我們的信賴感、建立信任度與黏著度。

公司同仁爲什麼願意做這麼多，要分幾個點來看：

1. 個性本質就要注重患者或客人感受，這點非常重要。有的醫生習慣要別人聽他的，這在愛爾麗就不行。醫美是服務業，耐心、細心、貼心都是必要條件。

2.再來就是我說過的福利，有底薪、有獎金。這個行業的薪水愛爾麗是最高的，從執照費多少錢、薪水多少錢，大概都是跟愛爾麗走，包括所有的經營模式、銷售模式、經營方針。當你已經身處業界最好的公司，當然願意表現更好與它共榮。

題外話，除了經營模式走在業界前頭之外，醫美的行銷方式，從粉餅雷射、3D飛梭、曬白肌、冷凍溶脂、娃娃針、塑立纖、晶瓷鑽、活氧美人這些名詞都是我取名的，連溝通語言愛爾麗都是領頭羊。

愛惜夥伴 天下，是員工打下來的！

綜合起來，假如你是醫生，想不想在醫療糾紛風險低、業界福利又最好的環境？我們很多員工都把這份工作當作是退休前的最後一個工作，用這個心在做事，大家配合得很好，又有默契，形成正向循環。每位醫師都擁有良好的品德、豐富的臨床經驗、很高的認同感，因此創造每年二十多萬人次來客量。

王院長在二〇二二年接受媒體訪問時說：「常董很特別，他對診所的管理有很多不一樣的地方，無論說什麼事情好像都是站在你的立場想，所以你會很自在，特別尊重醫生的專業。有一次在跟他討論醫美方面見解的時候，他也提到客人的期望值，是我們最主要的目標之一。在這麼多年的合作下，發現常董因爲尊重專業，得到很多消費者的認可跟信賴；雖然常董是集團的領導，可是這整個集團品牌被建立起來，他不歸功於他一個人，他覺得最大的價值是員工，眞的很令人感動。」

我要做的是一個細水長流的企業，天下是員工打下來的，愛爾麗的經營模式就是將員工薪資福利提高，就算毛利降低也沒關係。用人邏輯和福利制度同樣運用到中國大陸，現階段已經有八家直營店及二十五間分公司，分布在、北京、上海、廣州、天津、成都、南京和武漢等一線城市。中國大陸很欣賞台灣的醫療美容技術，時常有企業人士前來台灣享受服務和交流，例如唯品會和長江商學會等。

接下來，我會首先將醫美戰線拉到泰國和日本，串聯起整個亞洲的醫學美容市場，讓更多人看到台灣的醫美實力。第二，會做結合養生休閒、生前契約、私人照護、安寧善終等長照服務的度假村。

然而不管事業版圖怎麼擴張，像一開始說的，人事、人事，有人才有事，選擇品德好，有服務意識的夥伴，是不變的方針。

如山筆記

醫術可以練，品德是一個人的本質，本質這種東西基本不會變。

7 有質 就有量

無論大集團或小店家，發展過程中最常碰到的選擇題，就是到底該追求品質，還是先衝展店的數量？

再往下探究，提這個問題的人其實想問：先追求品質，投入過高，會不會收不回來？先衝數量，會不會因爲顧不到品質而落入低價的紅海市場？沒有一百分的解法，哪條路比較好？我的答案很直接：品質。

品質等於信任，客人相信你的品牌，才有後面的數量。

愛爾麗剛結合醫學和美容初期，因爲模式很新，第一個困難點是要說服醫師離開發展穩定的醫院環境。所以我用了前面說的讓利，吃虧就是占便宜，先說服一位醫生好友加入，再號召學長學弟來。每個都是正牌醫生。現在我們每個醫生都專任，沒有兼差的，我們付出的成本可想而知，當然越高的成本帶來的就是給消費者越多的保障。

第二個困難點是雷射、玻尿酸、肉毒桿菌注射這些技術。初期醫院還沒有引進，也沒有醫生會，一切從零開始。怎麼辦？等醫生班底穩定以後，送他們到國外學，再回來當種子教官，建立自己的教育訓練系統。器材方面，從一開始就買最新最好的；使用的產品、藥劑等等，一律選用衛福部、美國 FDA、歐盟 CE 等公信單位認證的，並確保醫師都受過原廠教育訓練。

重質的態度，開店選點也不例外。

二〇〇七年，愛爾麗在南部小有成績以後，我打算把戰線擴大到台北，地點首選菁華地段、兵家必爭的捷運忠孝復興站附近。由於愛爾麗在北部還沒名氣，想買進設備，對方覺得愛爾麗品牌力不夠，開價比較高又不肯賣，等於給我們軟釘子，憑著堅持，我們持續尋求其他管道，總算買到最好的器材設備。好不容易開了店，又因爲台北客人重品牌，起初生意稀稀落落，但我們價格透明公道，又把南部濃厚人情味的服務方式帶給北部客人，沒消費也不會被擺臉色，客人來過以後，口碑就傳開了，生意越來越好。

以成果來說，步上軌道後的台北店營收，相當於中南部五家店總和，我知道往心中的成功目標大幅邁進了，所以接下來將資源集中在台北地區，至今店面有七成以上屬於自有資產。

安全第一　是絕不妥協的堅持

消費這件事，現在人常會說C/P值，講究性價比，可是像食物、保養品、化妝品、醫美療程這些關係到健康的，還是一分錢一分貨。醫美如今算成熟市場，許多診所會在各大節日推出異常划算的促銷價格，造成惡性的削價競爭現象，結果最後受傷害的還是消費者。作爲領導品牌，我相信眞金不怕火煉，我們鼓勵消費者在接受療程之前，都可以跟醫師進行充分的溝通與討論，愛爾麗還會特別提醒客人要注意哪些小地方，就可以確保產品來源，保障自己的消費權益。

以肉毒桿菌素及玻尿酸爲例，醫護人員需先確認外包裝上的衛福部核准字號，並請醫師將全新產品在客人眼前開封，最後藉由掃描包裝盒上的 QR code 進入合法藥品包裝查詢的官方網站，透過輸入包裝盒上的產品批號，來爲產品做重重的品質把關，進而獲得每個環節都高品質的醫美體驗。

做美的事業　自己就是最好代言人

有很多記者朋友說看不出我的年紀，我說維持該有的體態和外貌，都是自律的表現，就像醫美操作程序必須嚴謹一樣。如同前面所說，我們堅持選擇能精準作用於治療部位、維持效果可長達四到六個月的美國肉毒桿菌素；注射舒適度高的長效凝膠式玻尿酸，術後恢復期短且效果自然、凝聚力強；可合法用於消除雙下巴的美國消脂針，以及有專利技術認證及大量臨床文獻支持的美國原廠冷凍減脂。並且針對產品的下針位置、使用劑量及方式等等，進行原廠教育訓練，確保使用上安全無虞。

我常說醫美不但是美的事業，更是良心事業。安全第一、效果第二，是愛爾麗最核心價值，除了保護客戶之外，更是給醫生及所有員工保障。

二〇〇七年北上時被市場輕忽的愛爾麗，到了二〇二〇年，單單台灣會員人數就有四十萬人，每年服務顧客達二十五萬人次，旗下擁有二十六家醫美診所、兩家牙醫診所及坐月子中心、健檢中心、實驗室和醫療儀器公司等。連韓國、中國大陸等國際間跨國交流考察，都會指名來愛爾麗觀摩，被視爲醫美界的 Apple。

品質、信任一旦打開，產業原本的界線也會改變。比方：

1.男性顧客所佔百分比，從原本的個位數，攀升到目前的百分之十五到二十。

2. 快速延伸集團事業體到抗衰老、齒雕、產後月子中心、疼痛治療等，集團定位也從原本的醫美集團、大大升級到醫療集團，讓競爭者望塵莫及。

3. 與台灣尖端先進生技醫藥，打造GTP實驗室，以增加細胞產能製所，正式跨足細胞治療的領域。他也爲愛爾麗規劃未來的願景，計劃拓展泰國、日本等海外市場，以台灣爲中心，串聯起亞洲的醫美市場，讓更多人看到台灣的醫美實力。

質與量有它的因果關係在，你，看見了嗎？

如山筆記

品質等於信任，客人相信你的品牌，
才有後面的數量。

8

質也有目標

做什麼事情，無非用量化、質化來評斷做得好不好。量化比較好懂，營業額、毛利、來客數、客單價、分店數等等；質化比較抽象，我們除了看它和量化數字連動關係，還有參與外部評比，讓公信機構請專家學者打分數，資訊透明，眞金不怕火煉。

二〇二一年十二月十六號，財團法人醫院評鑑暨醫療品質策進會（簡稱醫策會）於張榮發基金會國際會議中心舉辦品質認證授證典禮暨記者會，授證團隊數爲歷年之冠，共有一百一十八個團隊，包含「疾病照護品質認證」、「健康檢查品質認證」、「卓越機構美容醫學品質認證」、「診所美容醫學品質認證」及「診所細胞治療品質認證」五項認證，近三百人參與，衛福部石崇良次長、劉越萍司長也到場勉勵授證團隊。

我們旗下「漂亮愛爾麗整形外科診所」通過「診所美容醫學品質認證」其中項目包含美容手術、光電及針劑注射治療等，由集團執行長劉怡萱代表領獎。好不好不是只有我們自己說，這次是醫策會說。

以下是媒體報導在二〇二一年對醫策會的報導節錄，當中可以看到我們得到品質認證的意義在哪裡。

「醫策會長期爲國人健康把關，針對個別疾病治療提供疾病照護品質認證；推廣預防勝於治療之觀念，提供健康檢查品質認證；因應美容醫學興盛，推出美容醫學多項認證，攜手醫療機構共同展現卓越醫療品質，參與團隊數逐年增多。」

「爲促進美容醫學品質及確保受治者安全，於二〇一三年開辦卓越機構美容醫學品質認證，強調機構『魅力品質』的展現，提供顧客超乎期待的超高品質，強調專業提升、顧客關係管理、智能化管理、創新服務展現及顧客經驗等重點，鼓勵國內提供美容醫學服務之醫院及診所參與；爲進一步提升國內美容醫學服務之品質及民眾就醫安全，於二〇一九年與衛生福利部共同開辦『診所美容醫學品質認證』，以『安全』爲基礎，協助機構檢視其整體性作業，鼓勵更多診所參與認證，提升我國整體美容醫學品質。」

醫策會是由衛福部代表、衛福部遴選專家、台灣醫院協會代表、台灣私立醫療院所協會代表、中華民國醫師公會全國聯合會代表這些人所組成，也就是說，由這些醫學界的專家評鑑授證，代表我們的醫療品質夠水準。

Ch. 3

投資要靈活如水

1 買商辦 地段帶來綜效

像這本書一開頭講的，我上新聞時常因爲「買樓」被稱爲危機入市、掃樓大戶。媒體爲了搶收視、搶點擊，用字聳動一點可以理解，不過購置房地產這件事，在集團發展上具有重要的戰略意義。

整理一下近年買過幾個重大物件：

二〇一三年

台北市成功路五段，買價3.5億元，做愛爾麗健康醫療會所。

二〇一五年

台北市民權東路六段，買價7.68億元，做集團總部。

二〇一六年

台北市忠孝東路五段，買價6900萬元，做北區員工訓練中心。

二〇一八年

高雄市中山路、青年路口，買價1.45億元，做集團旗艦店。

二〇一九年

・二月，台北市館前路，買價1.28億元，當時租給巨匠公司。
・五月，台北市南京東路二段，買價1.5億元，做集團旗艦店。
・七月，台南市東區裕農路土地，買價1億元，做集團台南總部。
・十月，台中市「中港商業大樓」，買價8800萬元，做愛兒麗產後護理之家。

商仲業者知道我愛買樓，有好物件第一時間會先通知，外界看我下手速度很快，其實我都做過深遠的評估。像是二〇一九年二月台北市羅斯福路二段、福州街口，國語日報旁邊的「志嘉水曜」，用十三億五千萬賣給榕茂投資前就有人來問過我。當時本來規劃四層樓做月子中心、一層樓做醫美、一層樓做牙科、一層樓做復健科診所，然後一樓租給星巴克，但因爲它是地上權案，使用權五十年過一半多，剩不到二十年，到期要處理相對複雜，我便放棄了。同一年的五月，輝瑞藥廠將淡水廠用十四億元賣給華碩前也來問過；再來就是前面講過的壹電視大樓，由於是工業用地，不能營業坐月子中心，樓梯又窄，最後都沒買。

表面上看起來我對不動產愛買、敢買，如果深入了解，其實我更「懂買」。

商用不動產四大原則：商圈、交通、樓層、面積

買商用不動產是爲了自用營業，有四個基本原則：

1. 商圈：跟著麥當勞、星巴克走，它們所在的商圈潛力強。這套模式也複製到中國大陸，幾乎每個月都有買房產，從二〇一四年到二〇二一年，已陸續在中國大陸、台灣買進約八十億元的房地產。
2. 交通：沿著軌道買，最好離捷運站出口五十公尺內。
3. 樓層：如果可以，四樓以下的一整層產品優先考慮。
4. 面積：最好單層面積能落在一百五十到二百五十坪之間，空間比較好規劃。

人的交通習慣、消費習慣都會隨著時間改變，趨勢一旦形成，再發生大的變化還要很久很久。拿現在二十到四十歲的人來說，消費行爲屬於目標型導向，大部分先搜網路，再選捷運交通方便的店面來購買商品。雖然愛爾麗是醫療事業，不會被電商取代，但距離捷運近的地點永遠保值。不只對消費者方便，在我們求才徵人上也較爲有利。有捷運的，找十個人來應徵七個；沒捷運的，最多只會有三個人，我說的這些都是有數據證明的，不能只聽表面上的言語，人的行爲會說眞話，觀察行爲，憑數據做決策，準確度很高。

另外，有都更機會的大樓，例如二〇一九年買的台北市南京東路二段物件，由於屋齡較大，土地持分高、公設比較低，都更、危老都很有優勢。我斜對面就是二〇一五年元大人壽以單坪一千零四萬元得標的土地，那塊地創下政府公開標售土地單價新高紀錄。再往東，六福客棧剛通過危老重建，要蓋二十層樓，還有容積獎勵，代表我們選點確實具備前瞻眼光。

租不如買 特別是三角窗效益超高

為什麼用買的不用租的，有幾個原因：

1. 讓消費者看到我們的決心。這一點和前面講過的所有據點都直營，包括中國大陸，以及所有醫生都專職沒有兼任，是同樣道理。俗話說「無恆產則無恆心」，愛爾麗從人才到軟硬體全部自有，決心看得見。

2. 避免房租調漲。承租一段時間後，會面臨房東調漲租金，到時候重新找點、搬家、裝潢等費用，又要多一筆成本。

不如直接買下店面，一勞永逸。

3. 精華區的店面會增值，不用擔心漲租。這部分台灣、大陸一樣，我有太多經驗了，後面我會再補充。有些物件可以設廣告看板，綜效是划算的。不要小看廣告看板，比如說三角窗位置，一個月租金要幾十萬，我辦公室租在那裡也不過幾十萬，既然廣告等同房租，我就想是不是來買三角窗，一石二鳥，可以做生意又可以做廣告，不用多花廣告費。看一件事、看一個物件，要想怎麼把它用得淋漓盡致。

以台北市新生高架、市民高架周邊的大型看板頂樓房產來講，外牆可以放看板，室內做精緻裝潢以後，可以當高級員工宿舍。不是店面的「辦公資產」部分，拿來做教育訓練中心，好比二〇一六年房市低迷時，用六千九百萬元買下忠孝東路五段兩戶商辦，地點就在台北永春捷運站旁，員工交通方便，而且後來漲回來，現值早就超過買價。

好地段搶手的程度，還發生過一個物件一億五千多萬成交，兩個月後馬上加一千萬買回來，表面上好像虧了，然而，市場行情變化有時候是非理性的，買回來以後沒多久行情再上漲，證明當初追價策略是對的。

總體經驗來講，所有店面都漲，總體效益都賺，沒有失敗的，因此比起價錢，我更看重地點。好物件很稀有，所以我們花了一、二十年去慢慢買，比方高雄的地王，大順路、博愛路的三角窗，我們很早以前就布局了，二〇二一年新聞說富邦人壽要啓動四百億開發案，房價還會再漲。這棟大順、博愛交叉口的物件，光廣告就價值連城了，在這位置打廣告，有誰會看不到愛爾麗呢？好多老闆都說這地點超級難得，是有錢也買不到的物件啊！

再告訴你一件事：我買所有的不動產，從來沒有進去看過。都在外圍看一下就決定了，因爲我買屋看的是地點，地點對就對了，對方報價過來，價錢談好就開票直接買，被外界傳言我「掃樓」，原因在此。

2 看房眼光 從經驗和人脈來

對於商辦，早期我也是用租的，最主要是資金負擔比較輕。後來碰上一件事，讓我動了由租轉買的念頭，一直到現在都沒變過。

租房子常因爲到期了或其他種種原因要換約，有一次，桃園的房東問我「你要不要買？」，我還不理解的問他說：「爲什麼要買？」，他告訴我他想賣掉一樓跟二樓，加起來開價八千萬。我當初租二樓，他一樓是租給全家便利店，我想目前也沒這麼大需求，能租就算了幹麼買？結果當然沒買。

不買以後，房東就賣掉了，賣八千多萬。半年後，「新屋主」來找我簽約，又問我要不要買他的房子，我說賣多少錢，他說一樓店面要賣一億多，二樓賣四千多萬。哇，我才恍然大悟，房地產價差，一個轉手就是百分之五十的漲幅，瞬間就有一個想法：做房地產是很有市場的！所以從二〇〇六年開始改變策略。

選地段的邏輯、要有眼光有耐心前面講過了，都是經驗累積。

我們在大陸有很多據點，例如成都、上海、廣州、天津這些地方。最早也是租，可是會因爲有人出價高，房東臨時漲租金，自己買比較保險。而在大陸買房子，原先是爲了台幹，買來做宿舍跟自用爲主，後來發現買了以後它的漲幅比台灣更誇張，三、四倍在飆，有一個案子三千萬買進，年後三億賣掉，轉了十倍多。

台灣 No.1 泰國 No.2

二〇一八年，我以一億九千萬泰銖向尚思瑞集團（Sansiri）買下曼谷頂級豪宅「98 Wireless」，每坪單價大概新台幣二百四十萬元，刷新曼谷天價紀錄；二〇二〇年，兩年時間概算已經增值超過百分之四十，換算帳面漲了約五千萬台幣。很多人好奇我爲什麼布局泰國，這跟我選點只看地段就決定一樣，只從最大的面向看起，大趨勢在哪裡，通常都不會錯。

1. 泰國是佛教國家，人民個性和善，加上二百年沒發生戰爭，政治方面算穩定，又沒有什麼國外管制，可以說是亞洲的瑞士。
2. 曼谷有捷運 BTS（Bangkok Mass Transit System），跟台北一樣，沿著捷運買蛋黃區，基本上沒什麼問題。我買的

98 Wireless 附近都是高級飯店、購物中心，而且距離美國駐泰大使館僅一公里，安全上有保障。

3. 尚思瑞是泰國前三大上市建商，成立於一九八四年，全球超過三千名員工，也是泰國唯一提供開發、售後代租、代管、代售等一條龍服務的業者。他們還有國際精英會禮賓服務，二十四小時待命，相當具有國際水準。

爲什麼沒買生活水平相對較高的日、韓，我的看法是這樣的：

在日本買房地產沒有太大的意義，因爲第一個匯差，第二個人口結構老化。他們的高齡者占到快四成，你買了房子，未來沒人用，不好出手，這是很大的問題。相對來說，你買新興國家，像泰國人口紅利很大，就這一點來說，泰國、越南、柬埔寨、緬甸、印尼，是台灣四、五十年前的狀態，往這些值得開發卻還未成熟市場去做投資，起碼讓你比較不容易失敗。

韓國方面，相對周邊國家而言，社會氛圍壓力很大，包含韓國他們自己內部的人都想往外面走了，生存的壓力太大。全世界跑下來，台灣最適合居住、養老、醫療、休閒、旅遊，老外最喜歡來這邊放空。亞洲國家最宜居的地方其實就是台灣，任何面向都是一百分，排名第一，眞的！而第二名就是泰國了！

對台灣的信心不是喊口號，我們二〇一九年已經在台南買地，請屢獲國際大獎的建築師羅耕甫規劃總部。等總部完成之後，預計在中南部高鐵站沿線彰化、雲林、嘉義、台南等沿站附近，尋找土地興建「休閒養生俱樂部」，目標二〇三五年在台灣落實，再複製到海外市場。

會發展長照事業，也是看見未來趨勢，由於人口結構的改變，從數字上看，全世界人口老化速度很快，不婚單身的又多，或者現在人觀念變了，老了不想跟子女住，所以對機構的需求量就大。做長照機構，也有一些公益的成分，人的生老病死，從嬰兒照顧到老人最終那一段的照顧，愛爾麗都能做到！

人脈廣度決定訊息準度

有人好奇我對經濟走勢、對房地產投資眼光很準，究竟如何辦到？這要分三方面來講。

第一，一定要「自己」做功課。再好的團隊、再懂研究的幕僚，都沒辦法取代你自己的判斷。

第二，吸收多方訊息。做服務產業遇到的人事物多，各行各業都有，也就是社會大學的意思。既然是社會大學，就沒有侷限你在哪個產業範圍內，客人就像朋友，什麼都會聊到。我是業務出身，得到的訊息本來就比一般人多，更重要的是我們會主動去問去了解，不斷取經。由於市場變化很快，每兩年就一個大變化，腦袋很習慣要更新，像手機更新程式，不斷地去跟各個領域的人交換意見；交換意見久了，你的數據就比一般人多，然後取每個人的優點，最終這些優點就是你的資料庫了。

第三，就是我們願意打開心房、打開耳朵跟人家聊。不管資產高低，我們也沒覺得自己多了不起。人是這樣的，你先把自己推銷出去，人家對你感覺好，很多事情願意教你，你就占到優勢。這又回歸到人際關係，你的個人魅力是很重要的關鍵，態度決定一切，你如果夠柔軟，人家願意與你交換意見，那就會接收到很多不一樣的訊息。

現代社會不同於早年，訊息量不是問題，「誰」提供的訊息才是關鍵，關鍵訊息提供者願不願意跟你互動才是重點！這又回歸到人脈建立，有好的人際關係，機會自然就多。

土地跟房子會找主人

不動產買賣有兩點跟買手機、買車子之類物件不一樣。第一個是金額；第二個是緣分。講到這個，有些朋友會覺得很難想像，可是以我的買賣經驗來說，出價高不等於買得到。

二〇一五年，買下台北市民權東路六段、鄰近好市多的家具品牌賣場，房東說跟我很投緣，最後用比別人出價便宜八千萬的價錢賣給我。然後更奇妙的是，買完馬上有人要加八千萬萬跟我買，如果轉手，一來一往馬上賺一億六千萬。當然我沒賣，而是改建成我們集團旗艦大樓。

投緣到底是什麼東西？我想可能是我人緣比較好，嘴巴又甜，人家評估愛爾麗的品牌後，更覺得我們值得信賴。很多有錢人的思維不大一樣，他賣東西是看感覺的，不一定考慮錢，感覺不好我爲什麼要賣給你，便宜賣給別人我也高興。買房子很奧妙，房東要賣東西前會打聽對方是誰？值不値得信任？這部分我個人的名聲，或者愛爾麗長期累積的社會責任跟和品牌質感，具有很大的 加分作用。

這種狀況台北並不是個案！二〇一八年底我們買高雄中山路、青年路口那棟，房東也因爲我們是愛爾麗的關係賣給我們。一般來說，賣方通常會打聽買方名聲，如果你品牌名聲不好、做人失敗或者你風評不好，出高價也未必能打動房東，很多房東是憑感覺決定成交對象，這點和一般消費非常不同。

買賣房地產這些年，台灣、大陸、東南亞往來金額幾十億，我發現土地跟房子會找主人。我們出的價不可能永遠最漂亮，時常以爲房東不一定要賣，但是不動產自己都會去設定要賣給誰，很神奇！後來別人問我爲什麼買得到好物件，我的看法常常就兩個字：緣分。

如山筆記

人是這樣的，先把自己推銷出去，人家對你感覺好，很多事情願意教你，這個是優勢。

Ch. 4

危機是距離成功最近的踏板

❶ 疫情是威脅 也是機會

二〇二〇開始爆發的新冠肺炎疫情，影響全世界之大，比二〇〇三年SARS那時候還嚴重。以台灣來說，餐廳、飯店首當其衝，新聞三天兩頭不是吹熄燈號，就是經營告急，真的非常辛苦。

愛爾麗只有二〇二一年五月疫情升級的兩三個月有一點影響之外，其他時間都還好。很多人聽我在媒體這樣說，大呼：「怎麼可能？」關於這件事，我有一些看法分享。

第一點，運氣很重要，老天爺對我們很照顧，眞心感謝。

第二點，心態。疫情不可控，超越我們能力範圍能控制的事情，不是公司經營的問題，是老天的磨難，平常心面對就可以了。我是無可救藥的樂觀主義者，任何困難，在我心中都不是問題。至於會不會收其他分店？我認爲最重要的是調控，俗話說「殺頭生意有人做，賠錢生意沒人做」，公司虧損時就要止血，該斷的就要斷，不能讓損失再擴大，只要有儲備就還有機會，這是在做生意不是做場面。因爲有這樣的認知，我的態度一直是老神在在。

第三點是公司的類型，醫美診所不像餐廳、飯店，大致都能持續營業，所以再來要看我們怎麼讓客人願意消費。這方面的教育訓練我們一直在做，與內部講師做案例討論，按表操課，從來沒有停止。

第四點是面對危機的方式，是威脅還是機會，疫情來了看你用哪個角度去看。你認爲隔離時期大家減少出門，就沒有做醫美的需求；還是反正沒人看到，剛好是做醫美最佳時機？一件事有好幾個面向，你選擇哪一面？

不要光聽我講愛爾麗，來看兩個產業。

先說跟大家生活近一點、以和醫美遠一點的零售業爲例子：Costco。他們對會員有收年費的，商品不能斷貨，即使供貨成本上升，有些東西短期賠本也要供應。他們亞太區總裁張嗣漢接受媒體專訪說，疫情期間爲了不斷貨，專程空運把國外的礦泉水運來台灣，成本一下跳起來！在發生危機的時候，少數幾樣事情犧牲一點利潤，展現你的決心，客人會有感覺的。數字會說話，疫情最嚴重的二〇二〇年，他們營收突破新台幣一千億元；二〇二一年，做到接近一千兩百億元，等於逆勢成長兩成，年獲利超過五十億元，成了美國總部眼裡的小金雞。

再說和醫美近一點的化妝品業爲例子。

居家工作那段時間，起初保養品、化妝品業績都掉，特別是化妝品掉得特別兇。可是再來你發現，線上會議也好、出門戴口罩也好，眼睛變成唯一焦點，所以眼妝產品從原來佔整體彩妝百分之二十七一下跳到百分之三十七，還有所謂「口罩妝」，由眼妝帶動其他產品線。什麼時候都有錢可以賺，與其唉聲嘆氣，不如多注意一下，客人的需求轉到哪裡去了。

愛美是人的本性，疫情的影響只會是階段性，長期來說，像電影《侏羅紀公園》說的—Life finds the way，生命會找到它的出口。疫情期間，出門機率大幅降低，到哪裡都得戴口罩，不正是做醫美最佳時機嗎？大環境關係，客人數有段時間減少沒錯，可是業績數字並沒有掉，爲什麼？因爲客單價不減反增，乘下來總金額和平常差不多。

一般企業在疫情下做到這樣應該很滿意了，通常會把錢留在手上，萬一大環境沒有好轉，當週轉金使用。但愛爾麗沒有這麼做，我們還是持續做公益。該做什麼就做什麼——這具備重要的意義，大家都好的時候，沒什麼特別；但當大環境不好，需要有人出手的時候，我們持續雪中送炭，這就是愛爾麗可貴之處。

我們照樣去勞軍，海軍812艦隊、114艦指部，陸軍空降特種部隊，到空軍防砲、六聯隊、二聯隊、三聯隊等，陸海空都跑，感謝他們保衛國家。過程裡，在空軍六聯隊開模擬機，或者接受海軍用國際禮儀迎接等等，都讓我感到很快樂。如同我父親說的，人要手心向下，不要手心向上，多分享。如果不是從小有這種價值觀影響，誰會在疫情底下、生意難做的時候勞軍？

人生在世，多想一下。你想想人最終會如何？其實就是燒掉而已，不然還能怎麼樣呢？人的一輩子，走到最後結局都是塵歸塵，土歸土，但是過程可以不一樣。能力夠就多協助人家一下，這不是很好嗎？

如山筆記

什麼時候都有錢可以賺，與其唉聲嘆氣，不如多注意一下，客人的需求轉到哪裡去了。

2 夢想需要不怕失敗的堅持

疫情期間，愛爾麗業績幾乎沒影響，公益、勞軍照樣進行，給消費者的專業服務、回饋社會的公益捐款，沒有縮水！外界難免好奇，我們從台南一家小店擴展到大中華區的醫美集團，一路順風順水的愛爾麗，究竟有什麼經營訣竅呢？

事實上，哪有這麼好的事，當然也有失敗的。

我喜歡挑戰，越困難的事情，我越喜歡去做；遇到困難，會激起我更想往前走的決心。當兵的時候，我自願去空降特種部隊，體驗高強度訓練和高空跳傘的滋味。這段經歷後來給我人生很大啓發：人又不會飛，背著傘具從一千兩百五十英呎跳下來都不怕了，還有什麼好怕的？

做事業也一樣，「怕」沒辦法做成事，要想辦法、做足準備，放手去做。其中有兩件事最關鍵：

1. 心態。我的座右銘「夢想需要不怕失敗的堅持」，樂觀到無可救藥。我很清楚自己一定能做到，一時的的失敗只是標出來這個不合適、那個沒緣份，幫我聚焦的過程而已。

2. 心量。任何企業的老闆，他只是出個主意、帶大方向，然後做資源分配的角色。實務上，承接老闆想法、做執行的人最重要。怎麼讓人家願意付出？第一個分工很重要，第二個要尊重專業，特別是經營者與專業工作者之間的協調。每個人都會有盲點，老闆當然也有，所以基本上我都跟夥伴說：「好聽的話不用講，就針對我們做不好的事你跟我提。」我希望他認眞地跟我講哪裡還要改善，我是勇於「被人家責備」的人，你不責備我，我怎麼成長呢？只會在你面前說好聽話的人，是不值得你側耳傾聽的。

愛爾麗做到現在會壯大，是因爲員工敢跟老闆說哪邊做得對、哪邊做不對。我不可能每個都做對！一個成功企業老闆的特質，要懂得去聽夥伴的建議。我相信鴻海郭董也是一樣，不會是一言堂。經營企業是團隊作戰，要聽很多人的聲音，最終綜合意見以後，老闆抓大方向，後面做起來才會順利。

創業要耐煩，「抓大放小」往前進

我們有一次要開發一套系統軟體，事前已經彙整很多需求，也找了專業的工程師團隊做，前後耗時兩年，投了不少錢下去，但始終沒辦法達到預期目標。頭都洗下去了，怎麼辦？我的個性是先直接結案，該賠認賠，再重新討論，然後針對這件事情重新再做。像玩網路遊戲的人講的「砍掉重練」，不能調整就砍掉重練。砍掉很痛，可是早點砍，我們還有資源再來；越晚砍，想重練都沒資源了。

用資金來看，假設我現在有一百元投一個案子，當然不會賠五塊錢就喊停，賠十塊錢差不多要有警覺；到了賠十五元的時候，手邊還有八十五元，用八十五元的本金去賺回十五元，努力一下還有機會扳回來。但是如果倒過來，賠到剩十五元，要用這一點點快見底的錢去賺回八十五元，那不只要努力，還要三代都燒好香的運氣了。

數字不一定一樣，可能八十五比十五，也可能八十比二十，不過應該差不多，到七十比三十大概已經蠻吃力，再超過一不小心就動搖國本了。一家公司不會只有一個案子在動，控管資源就是控管風險。這個跟做股票投資一樣，你懂再多技術、再會看K線，資金控管做不好，以爲自己最懂最會，沒有尊重市場眞正的情勢，老手照樣三兩下就畢業。

回到系統軟體開發案，這只是我投資無數案子的其中之一，最後愛爾麗可以越做越好、越做越大，就是因爲不斷嘗試、失敗重做、再失敗再重做、又失敗又重做……。煩不煩？當然煩，但煩是經營必經過程！

我認爲，對創業人來說，性格決定一切。事情就是發生了，怎麼面對看自己，有的人會覺得好煩、心情鬱卒，覺得失敗了；像以前考試，老師從一百分往下扣，錯一題畫一個叉，沒有滿分就是不好，信心滿滿變沒有信心。我倒過來，覺得創業跌跌撞撞是應該的，等於整張考卷從低分開始，一分一分往上加，小成功累積變大成功。

我能從容面對失敗，是因爲經營者做任何事情都牽動到一群人，加上外在環境變化，能掌握的有限，推動過程遇到幾次不順，是很正常的，我們能做的，是努力把順利的比例拉高，比方我推動十件事情當中，有八件做成，兩件不成，總體來說還是會成功。同樣道理，事業總是做不順，是因爲你的決策中八成是錯的，只有兩成對，絕對很辛苦。

怎麼拉高勝率？答案是：抓大放小，果斷喊停，重新再來！

任何案子推動時遇到短時間難以解決阻力，我會馬上結案，在最快的時間裡重新整備再出發。因爲下面的執行者都是依據決策者的指示，來擬定執行計畫及分配預算，當決策者猶豫不決，執行者就不會動，整件事卡在那裡，往往一拖就不了了之，包含士氣也會散掉，所以果斷很重要。有時候，甚至會整批撤換執行團隊，內部員工該資遣就資遣，依照勞資法規定，做最好的安排，打掉再重新組織。

很多決策者認爲凡事要完美，很小的事也要牢牢抓在手上，這種個性會很難接受抓大放小。實際上，公司運作靠組織，每一層做什麼都有規範，當老闆的重點在看方向、找對人、調配資源、管結果。釐清楚自己該做什麼，不要把董事長當課長在做、總統當市長在做。道德經中提到：治大國若烹小鮮，經營企業也是如此。

小失敗可以幫助大成功。Uniqlo 的老闆柳井正講「一勝九敗」，認爲成功是無數失敗的累積，也是同樣道理。

如山筆記

創業跌跌撞撞是應該的，等於整張考卷從低分開始，一分一分往上加，小成功累積變大成功。

3

以自有資本　從核心延展多角化經營

開展事業版圖，有了心態和心量，還要有方法。

多角化經營不稀奇，各行各業一直都有，每家專攻產業不同，可是要注意，多角化不能散掉，要像折扇一樣，打開是一個面，但每根扇骨都收在同一個點上。怎麼做可以提高多角化經營勝率，讓公司越開枝越壯大？我以自身經驗來說，很簡單，超過本業的事情就不要碰！

做好本業內有把握、可以直接經營的事情，大致上不容易出錯！

愛爾麗集團的事業大部分和醫學、美容有關，就算經營不動產，也是從租賃店面到自購商辦所累積的經驗，不是「拍腦袋做決策」。如果我因爲喜歡唱歌，跑去投資連鎖KTV，離本業那麼遠，管理顧不到，賠錢的機率就比較大。

這個觀念跟巴菲特講的「不懂不買」一樣。你其實不用懂所有的行業，把已經熟的摸到透就可以；最熟的，絕對是自己本業。好比醫美一台什麼機器，從哪裡進、多少錢、怎麼操作、人怎麼管、客人在哪裡、宣傳訴求怎麼切……，我非常熟稔。從這裡延展出去，做牙醫、疼痛治療、月子中心、健康管理醫院等等，做起來事半功倍。

目前已經在籌備的長照事業，也是同樣邏輯：回歸到人在不同階段對美、對優質生活的需求。這塊往後看十五年，包括社會環境、人口結構、政治因素，有很大潛力，能和愛爾麗現在的服務接到一起。

隔行如隔山，與其爲了新奇而費心費力、鞭長莫及，不如專注本業，從最熟的核心開始擴張。

手上有十塊錢 就做十塊錢生意

做事業，不分本業還是新投資的，都會碰上錢的需求。有些人覺得跟銀行不借白不借，或者對外做點募資，手上有十塊錢，做起二十塊錢甚至一百塊錢生意，先衝再講。這樣的手法對不對？我們先放一邊，就風險而言，像融資融券做股票，槓桿倍數越大，風險相對越高。一般財務狀況不穩定的公司，通常是財務槓桿做太大，例如只有十塊錢卻做一百塊錢的事。

我在運動上很敢玩，經營公司卻很謹慎，做事情會未雨綢繆，在投資新事業前，會先調配資金來超前部署。愛爾麗所在的行業，是手上十塊錢就做十塊錢的生意，不會去擴張信用；我的個性，也不會去玩高槓桿的資金操作。

愛爾麗二十多年來，大部分業務的擴展或者採購設備，都是現金先到位才執行。經營企業必須非常精確掌握財務的調配；身爲經營者，最重要的兩項工作就是統籌與分配。

我對企業主在多角化經營的財務建議是：

1. 保守穩健至上，少碰高槓桿操作。

2. 汰弱留強，調整不必要的開支。賠錢的生意沒人做，當現金流不足，必須當機立斷，刪減非必須開支，包括不必要的人事支出。體質變好，也才有機會找到優良的資金管道，優化現金調控。反過來說，要把資源聚焦在會賺錢的金雞母身上，讓母雞繼續生金蛋。

3. 萬一發生現金流不足，要找出原因，包括業績欠佳、投資失利、有人掏空或者本身金錢管理有問題等等，必須針對不同的問題做出不同的解決方案。必要時候就認賠殺出，全部歸零、砍掉重練。拖著問題不解決，對財務絕對是個坑，還會拖垮士氣，打亂經營節奏。

4. 找出綜效。整合共通的資源，有助變相降低成本、提高利潤。我舉汽車的例子，集團開發共用底盤平台給旗下高、中、低三種品牌，再做不同調校，即可在保有各自調性下，大幅降低開發經費。

像前面講過的要做好資金控管，不對馬上砍掉重練。決策的原則很簡單：分清楚誰是主體、誰是延伸出去的分支。以愛爾麗來講，醫美是我的主體，相當於一棵樹的樹根，不能被影響到，不管發生什麼事，保住主體等於「留得青山在，不怕沒柴燒」。我投資過很多產業，都很燒錢，但是只要一影響到主體，馬上砍掉。砍掉之後，只要把主體發展好，還有機會，所以會影響到主體的子公司，我基本上不會去碰，因爲風險太高了。

附帶一提，中小企業的壽命平均在十五年左右，經營者要注意主體發展的時間點，假如萎縮，要做的是調控，不是打掉重練。主體是根、是起家厝，是企業精神與核心價值所在，必須牢牢守護。

做生意是比氣長，活得久活得好，更何況企業主還有照顧勞工的責任，要在穩健中前進。「謹慎能捕千秋蟬，小心駛得萬年船」能從莊子的時代流傳到現在，有它的道理在。

如山筆記

分清楚誰是主體、誰是延伸出去的分支。以愛爾麗來講，醫美是我的主體，相當於一棵樹的樹根，不能被影響到，不管發生什麼事，保住主體等於「留得青山在，不怕沒柴燒」。

4 透過內部創業與產學合作 培育人才

多角化經營，資金、人才都重要，一般來說兩條路，一條從外面找，一條從裡面找。

愛爾麗本業做醫美，和女性關連多，所以連結到月子中心也算理所當然，可是沒有人怎麼辦？我們到外面去網羅人才，找專業經理人，給股份、給資金、給發揮空間。他們出專業，我們出資源，大家一起把事業做起來。

對內部同仁也是。你寫企劃信來，案子好我們會投資三、五百萬不等，讓他出來創業。我的想法是：假設一個投資案預算是五百萬，投十個就是五千萬，只要一個賺錢，我就回本了。在內部培養企業家，過程裡會看財報，有些地方會給點意見，當然還是以對方爲主，要不然抓著手寫字，他痛苦我也麻煩。

這個概念就像以前青商會，會員可以申請創業貸款一百五十萬元，額度不大，但至少不用跟家裡開口，到處求爺爺告奶奶，給年輕人一個起步的動力，先踏出第一步，有面對廝殺的勇氣。這個時代，網路上有很多公開資源，創業門檻更低，有想法的人可以更快啓動。我在集團裡面還有其他資源，等於成功企業家大魚帶小魚的概念，讓小魚變大魚、變鯨魚，有一天可以放回海洋，我更高興。

產學合作　救助貧困也培養人才

有人做經營，也要有人做執行。在工作同仁這塊，愛爾麗也積極往學校布局。

因爲現在少子化，學校招不到學生，所以有一種招生特點叫做精準式教育——不浪費大家時間，很早就分出專長、興趣，讓學生在學中做、做中學，在學期間就參與就業，畢業後直接進到企業裡面。

也有學校的教務長跟我說，有些低收入戶的學生，雖然政府有補助一些，但畢竟金額有限，需要民間團體資助。這樣的情況在地方並不罕見，好比某學校一萬八千個學生裡，有三千六百個低收入，占兩成；偏鄉更多，動不動占到一半左右，所以我們有長期捐助，讓低收入學生在經濟上紓緩一點，不用花那麼多時間去打工。另外也有就學貸款、單親家庭、隔代教養家庭……等等，我們也是盡力去提供協助。

我覺得教育是百年大計，教育的力量是未來國家最重要的基礎，所以教育的部分不能省。除了國防以外，在職教育最重要，未來社會的核心就是這些年輕人，應該要不斷培養他們，給他們好的機會。

5

帶員工 從管自己做起

醫美是很競爭的行業，我常開玩笑說像「軍備競賽」。因爲關係到健康和美麗，客人對品質要求高，所以器材一定要最新最好。設備買進來以後，我們分六年攤提，時間到就進行汰舊換新，所以儀器部分不至於出現老舊的問題。愛爾麗從創辦到現在，硬體設備都做到最高規格，品質一直很穩定，這是尊重客人，也尊重我們自己。

相較儀器，人的複雜度高多了。

我們非常強調員工的教育訓練，例如醫生打針、儀器操作、美容師服務，乃至同仁跟客人的互動、接待上的應對進退等等，這些作業流程與服務品質，都有做長期的訓練。我們會先開出年度計畫，然後再到每一季，哪些人要上什麼課，都由主管帶績優同仁擔任內部講師，做案例探討，包括櫃檯人員都要參加。

上課之外，我們還會請員工家人一起來參加活動。像二〇二二年夏天，我們辦主管會議，請他們帶配偶和小孩來住飯店，感受在愛爾麗工作還不錯，共享溫馨和光榮，我還唱歌給大家聽，全體同仁和樂在一起。所謂團隊情感，有時候很抽象，用實際行動最快，同仁跟家人能直接感受得到，向心力就不一樣。

都做到這個程度，會不會還是有狀況？當然會。因爲「人」是管理當中最複雜的一環。

我們也有人員素質參差不齊的問題，必須靠長期、不斷的訓練以及控管，還有售後服務的追蹤。一旦發現問題，我們就會針對弱項加以優化，找出問題發生的源頭，包括人事時地物，什麼時候發生？在哪發生？誰造成的問題？由於我們是屬於人流比較大的產業，必須從細微處找出最根本的原因，所以有專門的團隊每天處理、追蹤、分階段解決所出現的問題。

嚴格的控管，讓我們在醫療糾紛以及誤差上的比例極低，而且更確定儀器、操作流程必須保持汰舊換新。另一方面，人員也要汰弱留強，透過每半年的考核，再加上客戶透過 **APP** 對服務人員，包括醫生、美容師等等打分數、給評語，人資就會依照綜合評價做獎懲。人員的訓練與管理，我們穩定在做，平常就在「整軍備戰」，這也是疫情期間愛爾麗沒受太大影響的主因之一。

管人很耗心力，有制度、有獎懲還不夠，上面的人還要以身作則。你做得正不正，員工都在看。我跟別人說我不應酬，很多人不相信，說：「怎麼可能？」。實際上，找我喝酒的人很多，一瓶動不動十幾二十萬起跳，對不起我喝不下去，那種場合我就不去了。

第一，那些錢用在個人享受，不如拿去捐公益，幫助更多需要的人。

第二，時間寶貴。把時間花在喝酒、拉關係，我沒興趣。閒暇有空，寧願花在陪家人、做運動，像跑步、打拳，把自己打理好，身體健康、頭腦清楚，人家自然會想跟你做生意。

我特別推薦運動，很重要。它會調節你的五感，釋放壓力、提升能量，還有提升意志力，讓你由內到外散發很好的氣場出來。做事業要腦力、體力、意志力，把時間花在運動上，很值得！

如山筆記

管人很耗心力。有制度、有辦法還不夠，上面的人還要以身作則。你做得正不正，員工都在看。

6 分析、判斷、行動 理性走出逆風

碰到一時的瓶頸點，我說逆風而不是逆境。逆風，吹一陣子就過去，事情總會解決；逆境，陷到一個「境」了，不知道它會持續多久，這就需要個人智慧去判斷。

經營事業隨時會遇到逆風，就是發現問題、碰到問題、解決問題的過程。舉幾個例子：

1. 員工和管理層意見不合

人跟人意見不同，很正常。前面講過我和一起創辦愛爾麗的劉

貞華總經理，共事二十多年，已經有默契了，不一致的時候，一律以公司的利益爲利益。加上我們已經超越了工作只爲求財的思維，而是思考更大的格局、更長遠的未來，相對來說，比較快調和。不過如果是管理幹部或者醫生，那就另當別論。

針對一般管理幹部，公司有授權主管的制度和規範，支持主管執行業務要求。發生衝突，一律以公司規範做依據。報告層級也按照組織架構來分級處理。我在管理上相當授權的，尊重專業經理人的決策。

專業部分，當業務需求與醫療專業產生矛盾的時候，以專業爲主導。因爲醫療是極度專業的領域，攸關客人健康甚至生命安全，因此愛爾麗不容許業績凌駕專業！這個天條，使得頂尖的醫生們樂於與我們長年合作；有好的醫學基礎，愛爾麗才能保持醫療品質穩定的競爭優勢。所以當專業人員與業務人員意見相左，會以專業見解爲準。

從這裡可以看出每家公司安身立命的原點在哪裡，弄清楚你的原點，遇到糾紛，才好拿捏判斷的分寸。拿餐飲、食品業來說，食品安全一定是天條，不安全做得再好吃也沒用，你看有些食品大廠只要食安出事，就算不倒閉也是元氣大傷。做服飾的，染料、衣料不能有毒；做建築的，工安、結構和安全建材，比設計和美觀更爲重要。以此類推，不難發現安全因素通常排前面，遇到大是大非的時候，很快可以衡量長短期的利弊得失，進而做出決策。

還有，客人是我們的衣食父母，永遠排在第一位。我認爲絕大多數的事情都可以解決，我很少發脾氣，唯獨員工對顧客服務不好的時候，我會很生氣，絕對做出懲處！員工可以再找，廠商可以再選，但是沒有客戶，公司保證關門，怎麼分輕重緩急？就這麼簡單。

商譽無價，客人的信任無價，有好的名聲，業績努力做一定有。反過來講，眼睛裡只有錢，沒有信譽、沒有把客人放前面、搞不清楚自己原點在哪裡的，就算能賺到短期的錢，長期來說，會過得比較辛苦。

2. 不對的人一刀切　莫浪費時間糾纏

俗話說「人在江湖飄，哪有不挨刀」，上班的、做生意的，被捅刀的經驗，相信每個人多多少少都有。

傳統文化說「反求諸己」，我先檢討自己，平常怎麼對人，有沒有哪裡對不起他；發生事情以後，打算跟這個人怎麼解決。大概都是這種一條一條拿出來分析，很容易就知道該怎麼做了。

我這個人有個好處，都是誠心對人，當被人背叛的時候，平常心看待。當然，我對人好卻得不到相同的回應，肯定會難過，但是難過和抱怨只是浪費時間，寧可快刀斬亂麻，去做其他的事情。尋找新的合作夥伴也好，決定獨立經營也罷，總之趕快調整好心情，規劃下一步出路。

關係方面，我做事情很果斷，遇到有問題的，基本上我會留一條路給對方走。不能合作，大家就做朋友；不能做朋友，大家就做陌生人，很簡單。

合作生意的部分，資源每分每秒都在算，不對的人很難拖太久，遇到了就一刀切，不要浪費精力和時間在內耗上。如果對方不僅背叛，還開天價才肯拆夥，就走法律途徑解決，以法院判決爲處理依據，不必有太多情緒。

碰到問題，我講過先處理事情，再處理情緒，不要只顧著先發脾氣，如果一發不可收拾，整個人陷進去，會沒完沒了。處理情緒還是被情緒處理，這就是會做事跟不會做事的差別。冷靜地面對問題，思考後面的因應對策，才能很快脫離困境。

時間是不可逆的資源，再多錢都買不到，不要糾纏、不要等待、做不切實際的盼望。俗話說「三歲看大，七歲看老」，人的個性從小就定型了，用感情來比喻，是渣男是暖男，大致上不會變。待人接物、做事風格也一樣，會騙人、背後捅刀的，你想他會忽然轉性嗎？不要自欺欺人了，越快處理乾淨，越快回到正軌。

3. 猶疑不定時，問專業就對了

我們是人，不可能每天都英明神武，決斷準確，有些新的事情超出經驗以外，謹慎一點是必須的。一般來說，我會先尋求專業人士意見，然後蒐集資料，彙整所有訊息之後，再決定做不做、怎麼做、誰來做、資源怎麼分配。

所謂專業人士意見是這樣：我通常會徵求至少五位專家看法，如果持正面意見的比例達到四：一，甚至五位都認同，我一定做；如果正反意見是三：二，差距很小，我就會再進一步蒐集資料。不過，後面這種狀況發生比例不高，因爲我會儘量避免做專業人士也難判斷的事業。從經驗來看，做不熟悉領域的生意，失敗率高達九成！

人定勝天沒有錯，但是在那之前，要做好情報蒐集、風險評估。《孫子兵法》說：「多算勝，少算不勝，而況於無算乎？」戰前籌謀很重要，不是要你抓了武器往戰場大喊衝啊！衝啊！就會贏。

另外還有一種，就是不做決定。不做決定最糟糕，不做不錯，可是時間一分一秒過去，商機這種東西，你不做別人做了，有一天要再追回來就很難。像我說過愛爾麗原本做美容，有結合醫學這個念頭，到開出第一家店很拚很拚也要三年，而且僅是收支平衡而已，還不是做到有盈餘喔，做到有規模又是好幾年以後了。你說一個不做不錯的老闆會「動起來」嗎？不會的。市場隨時在流動變化，你不動就別人動，再不然客人動，最後你一個人留在原地。

拿過七枚世界大賽冠軍戒指，被譽爲「棒球之神」的貝比・魯斯說過，站在本壘板上不揮棒，你只會有三種結局：

第一種，被三振下場。

第二種，被四壞球保送。

第三種，被觸身球打中。

對一個積極取勝的球隊來說，這三種都不是好策略（被四壞球保送是因時制宜的戰術技巧，不過也要看投手狀態，這裡不多談）。

很猶豫的時候，就算聽了專業人士意見也拿不定主意，我建議撥出一個可以承受的額度，做小規模測試，先動起來，試試市場水溫，再看情況放大規模或者收掉。我說「做不熟悉領域的生意，失敗率高達九成」，皆來自我過去測試後的心得，幸好有這些經驗，讓賺的多過沒賺到的，愛爾麗才能在變動的時代裡，一直擴大事業版圖。

順、逆沒有絕對

有做戶外運動的人就知道，跑步、騎車、帆船、降落傘等等，沒有永遠的順風，也沒有永遠的逆風，真正的高手，懂得在不同風向底下做調整，照樣交出好的成績表現。

你放過風箏嗎？風箏是逆風放的，逆風強，反而容易飛得高。

如山筆記

商譽無價，客人的信任無價，有好的名聲，業績努力做一定有。

7

創業者的起點和志業

愛爾麗如今跨足國際的規模是從每天軋支票熬過來的。有人問現在很多市場都有人做了，還能再找到藍海市場嗎？如果想創業，一定要先弄辦公室、找齊人手再開動嗎？

先說後面這個問題，創業不一定要去弄一間辦公室。

現在公司的經營型態和模式，很多都網路化了，透過手機、電腦就可以工作。二〇二〇年到二〇二二年這段期間，受新冠肺炎疫情影響，很多公司 work from home，初期不大習慣，眞的做一段時間，也沒有像一開始以爲的那樣糟糕，甚至很多人習慣了，也覺得這個模式還不錯，時間和空間的運用更彈性，勞資雙方都得到好處。

當然，不是說所有組織都適合 work from home，只是對所謂公司的觀念，或者工作流程的觀念要轉變一下。我舉一個很小的例子：以前愛爾麗做海報，設計做好以後要燒光碟、叫快遞送給印刷廠，印刷廠出紙本打樣，叫快遞送來給我們看，中間修修改改，兩邊要這樣快遞來快遞去，花好多天。

現在做好稿子，上傳到雲端，印刷端直接輸出就好，不要說光碟機在哪裡都不知道，連一張也能開印，這些是以前想像不到的事。更不要提拍照，以前底片沖出來以後要人工修片，弄好要小心翼翼保存，遺失就麻煩了。現在看螢幕直接用電腦軟體修，用 LINE 發檔案給相關人等，速度不曉得加快多少倍；檔案同時複製到幾個不同地方儲存，可能不到一分鐘就能完成。

所以，創業需不需要先租一間辦公室，要看你做什麼，兩個重點：

1. 先確定核心項目。
2. 盤點有多少資源。

創業初期，花錢租辦公室不會是我的優先考量，現在很多工作室也都是 work from home 型態。先動起來，出去接觸市場，當業務量持續擴大到要招兵買馬、要人力管理的時候，再來租辦公室。

我創業初期，是在台南老家車庫擺上兩張辦公桌就開始做生意。對我來說，問題不在場地，在心態。創業者最大的能耐，是靠強大的意志力和堅強的執行力，克服各種麻煩、各種困難去推展業務……等等「內在的東西」，而不是外在形式。辦公室、裝潢、員工數那些，是發展到一個程度以後才要想的事。

創業最重要的是先架構自己的「心」

內心建立好了，後面的事情自然會發生。很多人會問說：「好像很難再找到藍海市場了！」我還是這句老話：「看自己。」

產業大類差不多就那些，要憑空創出新的大類，在任何時代都不容易。可是換個角度看，現在技術的進步，也是以前沒有的，不僅僅是網路和醫學科技，就連我們民生用的汽機車，誰能想到有一天真的可以一滴油都不用，只要充電就能跑，甚至還能針對客戶需求量身打造車子外觀，這些變化的背後都潛藏廣大的市場。賣吃的也一樣，現在很多人不開實體店了，做雲端廚房，跟外送平台或冷凍宅配合作，一樣可以提供餐飲服務。

別人做過沒關係，重點是你有沒有做得更好，讓客人非你不可？

從關心自己到關心社會

如果前面提到架構自己的心叫創業者的起點，那麼終點在哪，多大才夠，年營收一百億、三百億、一千億？

數字這件事就跟上班族領薪水一樣，在很年輕的時候，月薪從三萬升到四萬、五萬升到六萬，很有感，很容易覺得高興。等你勤懇苦幹幾年，變成一個高階主管，年薪漲到三、五百萬的時候，還是高興，可是心情的起伏程度跟年輕時候會很不一樣。為什麼？因為你的責任跟關心的事物變了。

年少的時候，比較在意身邊物質的東西，像手機出新款了，我要買哪一種等級的；到一個位階以後，在意的事情變得比較偏精神層面，像是身邊的家人和朋友。

做企業也是這樣。起初，我在意每個月支票必須軋得過來；再來有點基礎了，想的是怎麼找到更多人才，買好地段房子，擴大我們的規模。現在，本業穩固了，我們把重心移到對國家社會的貢獻度。

做事業，重點在心態。一件簡單的事情，不斷地做、精進地做，會漸漸升到專業的成就。愛爾麗集團的核心價值是「終生的公益志業」，所以要先釐清責任與義務：

第一，經營公司對誰負責？客戶。客戶才是我們的老闆，公司全體上下一定要對客戶負起百分之百的責任。

第二，員工是公司最重要的資產。人是感情的動物，我作爲經營者，必須對員工負責。

第三，對社會、國家負責。社會、國家給企業發展的機會，企業必須抱持「取之於社會，用之於社會」的心態奉獻力量。愛爾麗做公益做到出名了，帶動很多觀望的企業界朋友跟著一起做，我覺得非常有成就感。

很多人好奇我是不是跟綠營政治人物特別好，特別是記者私底下也會問，要不然怎麼時常跟他們一起出席活動？我是眷村子弟，到哪裡都明講自己是中華民國永遠的正藍軍，他們早就見怪不怪。民主時代，人與人之間政治立場不一樣是很常見的事，我在乎的是台灣社會和台灣人民。我捐的是台灣的軍警消、台灣的學生、台灣的體育界，眼睛裡只有需要幫助的人，沒有黨派顏色。

無上限與善循環　公益是終生志業

愛爾麗從台南一家小公司做起，發展到現在有七十六家子公司的跨國集團，你問我未來要發展到什麼程度才叫「夠」，我的想法是：無上限！

企業發展不進則退，世界每天都在變化，不要杞人憂天、給自己設限。相反地，要去想怎麼走出台灣、走向世界，發揮更大的影響力。每個行業都有它面臨的競爭壓力，愛爾麗對自己的期許，是代表台灣和國際品牌競爭，所以我們的發展願景以及醫療業務的拓展就是無上限，包括產後護理之家、儀器設備的開發與代理、醫材的研發與進口、疼痛治療診所、健檢醫院到未來的養生村。以醫療服務爲圓心、人才爲半徑，把這個圓越畫越大，服務更多客戶。

愛爾麗的客戶總數超過一百萬，其中加入會員的超過四十萬人，當公司獲利的時候，基於「取之於社會，用之於社會」的信念，我們會將公司的盈餘做有效分配，不斷地將一部分獲利投入公益事業，爲社會上急需幫助的人付出。也就是說，當我的規模做得越大、服務的客人越多，獲利越高，就有越多資源轉到公益這邊，形成「善的循環」。

這裡又回到這本書最前面我父親講的，「錢」就是金戈戈，兩把刀在那裡，是好是壞都在一念之間。

人當然需要錢，有錢可以過上好生活，但是不要被它控制了，一旦眼裡只有錢，反而不是好事。想想自己、想想別人，想想國家社會、想想整個世界，不用成爲大富翁才能做好事，善循環從你的發心開始，像《金剛經》講的「善護念」，好好地保護你的念頭，有多少力量做多少事，從小循環開始滾起，慢慢地，循環越滾越大，賺起錢來更有意義。

憑著善良的心做事業、回饋國家社會，以公益作爲終生志業。集團規模再大，我還是時時提醒自己、提醒同仁，回到愛爾麗這個名字的原點：世界，因愛而美麗。

如山筆記

別人做過沒關係，重點是你有沒有做得更好，讓客人非你不可？

Ch. 5

志業

回歸本心

1 八仙塵爆傷者 來就免費治療不用審核

二〇一五年六月二十七號晚上，位於八里的八仙樂園，在抽乾水的游泳池裡辦「彩粉」派對，當工讀生將彩粉噴向舞台燈，隨即被引燃發生火災。火勢本來不大，但是工作人員用二氧化碳滅火器滅火，沒想到氣流揚起彩粉，反倒使得零星火頭變成火海，再加上很多人用衣服拍、身上著火者因驚恐而跑跳，擾動空氣氧氣造成劇烈燃燒，形成看起來像爆炸的火災，媒體紛紛用「塵爆」來形容。

很難想像，過度擁擠的場合加上意外引燃粉塵，再因錯誤的救火方式，短短四十秒造成五百多人燒燙傷。其中燒燙傷面積百分之八十以上計四十一人，面積百分之四十到八十的有兩百四十人。一時之間，許多大型醫院的資源調度不及，台大醫師甚至在媒體上公開呼籲醫美診所幫忙。

我們得知這個事件，非常心痛，馬上緊急開會，請各分院加入救助行列。六月二十九號發布新聞：除重度燒燙傷的病患，建議接受大型醫院燒燙傷中心的專業護理之外，針對此次事件一到二度輕度燒燙傷及燒燙傷面積百分之二十以下、不需住院治療的傷患，愛爾麗提供免費傷口檢視治療、護理、更換藥品和敷料及後續皮膚重建處置建議等服務，所有醫療服務費用支出由我們自行吸收。

有感於台北市及新北市各大型醫院，對於大批傷患的救護及容納已經到達緊繃程度，愛爾麗醫學美容集團也義不容辭，希望提供專業整形外科之醫療資源及技術，由旗下台北市及新北市等五間具有專業整形外科手術設備的院所，及十二名資深整形外科醫師專業團隊提供服務，同時設立八仙樂園燒燙傷救助專線。

提供免費醫療服務的愛爾麗整形外科醫師爲：吳瑞星、楊菘宇、李鐵國、羅國銓、袁聖哲、鍾一傑、郭炳成、陸尊惠、蔡文平、林永祥、程以長、黃仁吳等十二位醫師。於愛爾麗的明曜分院、南京分院、中華分院、板橋分院、新莊分院進行服務。

有人問我，怎麼認定傷患來自八仙事件？我說愛爾麗集團長期以來積極參與相關公益活動，本著取之於社會用之於社會的精神，一切從人性本善角度出發，我相信不會有人冒充，不用審核，來就免費救治。

我認爲，這個行動可以分擔雙北的大型醫院醫療負擔之外，更期盼拋磚引玉，當時也呼籲其他專業整形外科及醫美診所能對此次事件不幸的傷患，提供專業的整形外科醫療服務，舒緩雙北大型醫院負荷，希望傷者可以在最短的時間揮別傷痛，早日康復。

②捐贈電擊槍　讓遺憾不再發生

在沒有提醒、先不要Google的前提下，你知道「李承翰」是誰嗎？

二〇一九年七月三號晚上，一輛北上自強號原定晚上八點四十二分要到嘉義站，卻因誤點延遲到八點五十分。當時車上有一名鄭姓男旅客，被列車長發現僅持有台南到新營莒光號全票一張，嘉義與新營有段差距，票務對不上。鄭男隨即因補票問題與列車長發生衝突，表示拒絕下車，並由第三車廂往第四車廂移動、咆哮，罵政治、罵政黨、罵政府、罵股票，認爲遭人陷害。

列車長於是請嘉義站行車室通報嘉義鐵路警所派人處理，值班警員接獲通報後，派遣二十四歲警員李承翰前往處理。沒想到鄭男在警察勸告過程中，忽然拿出藏放於褲子口袋內的尖刀刺向李承翰，造成李左上腹穿刺傷。而李承翰雖負傷，見鄭男持有刀械，列車上還有許多旅客，依然奮力以雙手控制鄭男，使得左手腕等多處受傷，經緊急送往嘉義基督教醫院急救，不幸於七月四日上午八點二十七分，因失血過多宣告不治。

這起事件，在探討鄭男精神鑑定到底有沒有公信力上面爭議很多，細節這裡先跳過，我關心的是遺憾已經發生，未來怎麼避免？

大概是個性好動又愛打抱不平，我對軍警消由衷感佩。小時候曾經有當警察的夢，當兵又自願加入空降特種部隊，長期關注他們使用的配備。台鐵刺警案後，我與內政部協調，捐贈三百萬元購買二百五十支電擊槍，無限量提供彈頭。

其實我支持警方用電擊槍很多年了，台灣生產的電擊槍外銷賣給美國軍警，我們的警政署早先擔心萬一嫌犯有心臟病因此不使用，但我認爲執法就是執法，擔心太多怎麼維護正義、保護民眾？

這二百五十支電擊槍雖然優先配給鐵路、高鐵警察，我更期待所有警察都有機會使用。爲什麼呢？新添購的這批拋射式電擊槍，具三點三萬伏特、零點一毫安培電流，可在六公尺內射出電擊探針；經人體實際測試，被電者會全身打直、癱瘓倒地，但因是直流電，透過皮下神經流竄，不傷及內臟。除了電擊、防搶插銷斷電手環帶、安全扣環、雙掛式槍套及防水攜行箱外，還配附影音記錄器及LED照明燈，高效能的電擊槍在發射後能立即電昏兩名壯漢，幫助警察在歹徒昏厥的二十秒內，進行壓制逮捕。

電擊槍不像手槍，沒有流彈四射、貫穿壁面的問題，不受空間封閉狹窄影響。內政部長徐國勇說，未來也會發配給航空警察，並支持員警大膽、正確、明確使用警械。鐵路警察局長江振茂也表示，感謝愛爾麗醫療集團在士氣低迷的氣氛下送來新裝備，適時強化第一線執勤配備，日後將訓練各地有需求的員警。

七月三十號的捐贈儀式，我請在電視劇《台灣靈異事件》中扮演警察的謝祖武先生擔任大使，代表和警察同一陣線。捐贈儀式上，警察同仁現場示範電擊器使用，由鐵警局台北分局所長謝永明飾演歹徒，穿著防彈背心與外套，當場遭電擊探針射中，電擊一次五秒，發出濃濃燒焦味。謝永明表示即使穿著防彈背心，仍感到一股刺痛，證明第一時間可對歹徒產生嚇阻效用。

豁出性命保護人民的身家性命
警消人員值得我們深深敬佩

二〇二二年八月二十二號，台南市政府警察局第二分局民權派出所警員涂明誠、曹瑞傑，追緝遭竊普通重型機車時，先後在台南市安南區北汕尾附近的第一公墓，被監獄逃犯暨竊盜嫌疑人林信吾持刀攻擊，兩人送醫後均不治殉職。

消息一出來，我非常痛心。聯絡相關單位後，兩家各捐五十萬元，沒有發新聞，低調的捐，錢有進去就好。

軍警消都是勞苦功高的工作，時時刻刻保護人民的身家性命。在這裡致上最高敬意同時，我也呼籲軍警消朋友們要懂得保護自己，你們平安，我們才平安。

3 做公益 也要做出影響力

二〇二一年四月二日，星期五上午九點二十八分，一般上班族可能還在想週末休假要去哪裡的時候，載有四百九十八名乘客的台鐵第 408 次太魯閣號列車，在花蓮縣秀林鄉的北迴線和仁段清水隧道北口，與滑落邊坡、掉進鐵路的工程車碰撞發生出軌後，又衝入隧道中擦撞隧道壁，導致嚴重傷亡，造成四十九人死亡和二百一十三人輕重傷，死亡人數爲台灣史上鐵道事故第二，僅次於一九四八年新店溪橋火燒車。

事件發生以後，許多媒體把焦點放在死亡人數不斷增加，以及肇事工程包商李義祥的責任問題。可是別忘了，還有傷者們需要救治。二〇二一年還在新冠肺炎疫情中，事情千頭萬緒，我們一邊關注新聞，一邊準備資源，預計在現場處理到一個階段後立即趕往協助救援。

四月十九號，在花蓮縣消防局長林文瑞等救難人員的參與見證下，我和集團執行長劉怡萱一起到花蓮縣災害應變中心捐贈價值二百三十萬餘元等消防救難器材設備，並頒發對太魯閣事故辛苦的救難人員七十三餘萬救災津貼及慰問金。疫情期間景氣不好，各行各業的營運都受到很大影響，但我認爲還有比我們更需要資源的地方，像東部醫療資源本來就比西部少，又碰到這麼大的事情，企業更應該有錢出錢有力出力。

在聽了花蓮縣消防局長林文瑞簡報以後，對他所講到院前緊急救護發展面臨的困境與突破決心，受到很大感動，臨時加碼再捐贈骨針十四組、影像式插管七組以及救護車一輛，合計捐贈金額達新台幣五百萬元。特別追加設備捐贈是有原因的：

高級救護技術員透過骨針，得以在極短時間即完成輸液治療，或注射腎上腺素等藥物，相較於傳統IV注射技術要快上數倍，對於OHCA（到院前失去心肺功能）患者特別有效；影像式插管則是以高效率的方式，改善了以往因無法看見聲門入口，而導致困難插管的問題。

十二導程生理監視器可對病人進行心電（ECG）、呼吸（RESP）、體溫（TEMP）、脈搏血氧飽和度（SpO2）、脈率（PR）、非侵入式血壓（NIBP）、侵入式血壓（IBP）、成人心排量（C.O.）、二氧化碳（CO2）等項目進行監護。以心肌梗塞爲例，藉由機器提早判讀心肌梗塞患者，並同步將十二導程資訊傳送各大急救責任醫院，將大幅縮短實施心導管手術時間，提高到院前急救成功率。

救護車則配發到萬榮鄉的萬榮分隊，汰除使用達九年的舊車，希望提供偏鄉更好的緊急救護車輛及設備。由於有這麼好的設備器材挹注，大幅提升急救品質，使花蓮縣消防局在二〇二一年急救成功率已經達百分之二十四點三，相較於去年百分之十九點一，成長五點二個百分點。

投入公益多年，二〇一六年維冠大樓因爲地震倒塌、二〇一八年普悠瑪號列車出軌事故，我們捐了三百萬給警消，花蓮太魯閣號列車事故災難救助款與設備也捐出約五百萬，給學校買了很多骨針、急救設備等等。我們做公益的領頭羊，後面很多企業會跟著做，可以算是公益方面的標竿企業。

當然，不是出大事才捐，基於企業的社會責任，平常持續捐贈相關物資給有需要的單位，投入資源給弱勢團體。例如二〇二二年一月，有鑑於緊急醫療救護資源的重要性，我和集團總經理劉貞華，邀請金鐘獎得主炎亞綸擔任公益大使，一起捐贈花蓮縣消防局骨針、影像式插管、救護車等高階救護設備，合計捐贈金額逾八百萬元，盼提供更多救護資源，強化花蓮縣緊急醫療效能。

我從小在這塊土地長大，我們軍人家庭教的，要對國家社會有奉獻的精神。很感謝台灣栽培我們，有機會成長、有機會賺錢，有成績了當然要回饋。我們做這些事情不求回報，如果有太多的政治考量和生意上的算計，就不會做這些事情。人一旦有所求，就會去迴避很多事情，我們的目的很單純，就是要把所得回饋給社會，所以我們沒有任何迴避，不管誰執政、不管台灣或大陸，我們的公益活動一直都持續進行。

我們對兩岸都一樣，新冠肺炎疫情期間捐給大陸物資、防護衣、護目鏡……，捐很多給各級醫院，我們的付出不分地區、國家。

4

捐要捐在刀口上

俗話說「錢要花在刀口上」，企業更是如此，每年做預算目標的時候，感受一定特別強烈。我做公益也是這個概念，我希望不只捐錢，更在意捐出去的東西要是對方最需要的。怎麼做？直接開口問最快了！你朋友生日，不知道送什麼，直接開口問、從他身邊朋友同事問，或是平常觀察他吃穿用的，總有線索可以推敲對方要什麼。

前面講過我對捐救護車是有目標在進行的。因爲救護車，連帶知道醫護第一線需要什麼，比方「電動骨針」就是個例子。

電動骨針是一種醫療器械，能夠幫助救護人員對已經失去呼吸或心跳的 OHCA（Out-of-Hospital Cardiac Arrest，到院前心肺功能停止）傷病患更快速有效地建立輸液管道。主要施打位置在小腿處的近端脛骨或是肩膀處的肱骨頭上，對到院前的救護技術人員而言，有操作容易、成功率高等優點。有一點值得留意的是，它對小兒救護也非常好用。因爲兒童生理、心理狀態與成人不同，緊急救護需求也不大一樣，差一點點，有時候就能搶回一條生命。

我們捐了電動骨針給花蓮縣，讓他們在東部，同樣能擁有好的醫療設備。不要小看這套器材，全台灣也才只有五個縣市用在救護勤務裡。

花蓮縣消防局表示，雖然實際勤務上小兒病患啓動緊急醫療救護系統的頻率遠低於成人病患，但隨著大眾日漸重視兒童病患醫療照護的品質，消防分隊的救護技術員也必須具備照護兒科病患的知識與能力。兒童並非是成人的縮影，他們的解剖、生理和心理特質，有其獨特之處，因此在處理病情危急的兒童病患，各種醫療問題都要特別注意其差別性。

針對兒童到院前心肺功能停止救護案件，除了實施CPR+AED，若現場有高級救護技術員則可執行小兒高級救命術（PALS），實施氣管內管置入和給予急救藥物，以往建立給藥途徑皆以靜脈注射（IV）爲主，但因爲兒童血管細微，靜脈注射失敗率較高，若有電動骨針協助，有助提高成功率。高級救護技術員粱致棋和劉仲維說：「救護車上的急救設備推陳出新，電動骨針的出現，使救護人員能更加快速的給予急救藥物，急救效率大幅增加，有效提升患者的存活率。」

有備無患 生命無價

實際案例方面，這套設備確實發揮了效果。

二〇二一年十月一日清晨六點三十六分，花蓮縣消防局接獲轄內一件OHCA患者無意識、無呼吸、無脈搏急迫救護案件，立即派遣轄區仁里分隊前往救援，隨即由高級救護技術員EMTP[註1]陳國榮及巫星儀前往。另派遣小隊長蔡璽鈞前往協助，實施三人高級救命術。

緊急救護人員於六點四十五分到達後立即評估患者，患者呈現OHCA[註2]狀態，救護人員立即給予CPR，現場AED[註3]建議電擊一次，並進行相關急救措施，現場EMTP執行預立醫囑，給予急救藥物，立即使用電動骨針，建立輸液管道及給藥，患者到院後隨即回復生命徵象。患者於十月二十一日出院且恢復正常生活。

花蓮縣消防局局長林文瑞曾對愛爾麗醫美集團特別表達感謝，因爲我們所捐的電動骨針，爲花蓮提供急救利器，能讓現場救護人員透過這項設備給予急救藥物，讓現場救護能量提升，使救護人員能更加快速的急救病患，提升救護品質。

有句話說「明天和意外，不知道哪個先來」，有些東西我們準備好，萬一事情眞的發生，有備則無患。生命無價，再沒有比看到OHCA 患者康復回家更令人欣慰的消息，很高興我們做了正確的事情。

註 1 EMPT：高級救護技術員。

註 2 OHCA：到院前心跳停止。

註 3 AED：稱為「自動體外心臟電擊去顫器」，是一台能夠自動偵測傷病患心律脈搏，並施以電擊使心臟恢復正常運作的儀器。

5 捐資源 更捐士氣

公益捐贈的事情，十元不嫌少，十億不嫌多；金額高低、資源多寡看每個人能力，只要願意幫助人，都是好事。愛爾麗從草創到現在，投入公益的經驗也算豐富了，我發現提供資源之外，如果能鼓舞第一線人員的士氣，會讓所有參與者更有成就感。

從二〇二〇年二月開始緊張的新冠肺炎疫情，風聲鶴唳，可以說讓所有事情都暫停了，包括經濟，情勢比起二〇〇三年SARS那時候更嚴峻。隔年夏天，二〇二一年七月二十三號，中央流行疫情指揮中心宣布自七月二十七日起，全國疫情警戒從三級降到二級管制，也有限度開放相關的限制。這個被稱爲「微解封」的舉動，讓大家鬆了一口氣，各家媒體紛紛製作對照表，方便民眾知道降到二級有哪些規定。也是在這時候，我們開始籌備「愛常在——愛爾麗之夜」公益演唱會，預計請演藝圈的朋友來表演，答謝軍警消與醫護人員。

請防疫英雄走紅毯

十一月二十號，演唱會在台南市文化中心演藝廳開唱。我在致詞時候說「愛就是永不止息」，因此將活動定名爲「愛常在」。從二〇二〇年起，台灣防的疫成績深受全球矚目，都是因爲有一線防疫人員不畏辛苦守護民眾健康，所以愛爾麗特別以公益音樂會的方式，完全免費開放民眾來聽，共同爲防疫英雄打氣。

一般演唱會唱歌跳舞玩變裝，但這次不一樣，我們比照國際影展規格，事前在下午五點半先舉行星光大道——受邀走紅毯的不是藝人，而是第一線防疫英雄，他們才是這場演唱會最閃亮的主角。

首先由國軍儀隊開場，引領陸海空官兵弟兄進場，接著嘉義縣、花蓮縣、新竹縣、屏東縣、澎湖縣等消防局長，以及台南市消防局、警察局等局長、一級幹部走上紅毯，接受兩旁群眾歡呼喝采，內政部長徐國勇則壓軸登場出席盛會。醫護軍警消人員平常默默守護台灣，特別疫情期間壓力更是加倍加倍大，是時候讓他們站出來，光明正大接受喝采。

當天晚會，感謝綜藝天王吳宗憲、新科金鐘獎得主炎亞綸、唐從聖、李千娜、家家、符瓊音、施孝榮、周子寒、梁一貞、鹿希派、MIUSA、大根、陳大天、卓義烽、海產等演藝界朋友共襄盛舉。更高興看到國軍、消防、警察、醫護等上千名辛苦的一線防疫人員跟著音樂，享受愉快的夜晚。

演唱會中，愛爾麗當場也以實際行動回饋社會：

- 捐贈五輛救護車給花蓮縣、新竹市、臺南縣、屏東縣及嘉義縣，以及一輛子宮抹片巡迴車給新竹市衛生局。六輛總值三千五百萬元。
- 捐贈台南市政府警察局因公受傷慰問金五十萬元，及刑警大隊破案獎金五十萬元打擊犯罪。
- 捐贈南台科技大學化工材料系兩百萬元，幫助低收入戶學子。
- 捐贈慈惠醫護管理專科學校獎助學金一百萬元。
- 捐贈小港國中拳擊隊七十八萬元、國立基隆商工五十萬元，支持國家體育向基礎紮根。

演唱會壓軸，由吳宗憲和我與表演嘉賓一同上台高唱〈眞心英雄〉，用大合唱表達對醫護軍警消人員由衷的感謝。

二〇二二「愛在十月天」繼續拋磚引玉

「愛常在」隔年，二〇二二年十月一號，在台北國際會議中心舉辦「愛在十月天」，重金邀請到大家最愛的姐姐謝金燕，還有愛爾麗的炫腹大使炎亞綸和實力派唱將戴愛玲、蕭煌奇、Miusa、梁一貞、林逸欣、Matzka 以及資深歌手施孝榮、殷正洋、王海玲、于台煙等藝人之外，還另外邀請到演戲唱歌主持三棲的白家綺和陳大天來主持，眾多藝人攜手一起共襄盛舉做公益，慰勞辛苦守護台灣的警消人員。

開放當天，三萬多張票瞬間被索取一空。和二〇二一年一樣，愛爾麗不只辦演唱會感謝警消同仁，同時也捐贈：六台救護車和三十支急救使用的電擊槍與兩百一十個卡匣響應，以及一百萬元給幼幼基金會。還是同樣拋磚引玉的想法，讓更多有能力的人可以主動幫助更多需要被幫助的人，達到社會的良善循環，也藉此邀請民眾一起致敬警消。

不上市櫃，資金運用更靈活

講到做公益這些資金和機動性，愛爾麗眞的是有不一樣的地方。很多人問我爲什麼不上市上櫃，我說，第一我們資金夠，不用向外面拿；第二，每年我們要捐這麼多錢、想捐誰就捐誰，上市公司能這樣捐嗎？不行！上市上櫃後那些資金不是董事長的錢，是股東大眾的錢，資金運用事前要提報告、走審核流程，事後要揭露公開訊息等等，做公益還要綁手綁腳，自由度實在太低了。

其實，很多賺錢的公司不需要上市櫃，不用跟股東報告，資金調度運用靈活，更可以大方自由地做公益。像七月微解封，我們十一月就開辦公益演唱會，從計畫到執行的過程行動力夠強，只要決策層溝通順利，確認了就馬上動起來，效率超高！

6

真心愛運動 熱情贊助體育賽事

愛爾麗做公益沒有分類別，哪裡需要我們就往哪裡去，觀念來自我父親「廣結善緣、樂於分享」的智慧。大概二〇一四或二〇一五年，我和合夥人決定每年捐出至少一億元投入公益，未來財產八成將交付公益信託。我們的公益捐贈對象不只有弱勢、受災戶，由於我很喜歡運動，台灣體育單位若需要經費支援，我也很樂意提供贊助。

籃球

二〇二一年，亞洲盃男籃賽原定八月十六日至二十日在印尼雅加達舉行，因主辦國當地疫情升溫，亞洲籃總宣布延期至翌年七月，原定八月十二日至十四日中華隊與關島的亞洲盃資格賽第二輪，改到二十六日至二十八日於關島進行兩場比賽。當我知道這件事，爲了向無懼疫情出征的運動健兒們獻上最高敬意，主動表達願意擔任領隊一職，力挺國家代表隊並提供相關資源。全隊出發之際，特別請集團執行長劉怡萱以代理領隊一職率隊出征，並提供新科技運動治療設備高能雷射，幫助代表隊球員迅速消除疲勞、恢復體力，迎接兩場關鍵賽事。

一同贊助的還有華航。由於台灣與關島還沒有定期航班往返，前往關島必須由日本或韓國等地轉機，相當耗時且影響運動員體能，中華航空公司在得知需求後，立即安排直飛航班協助中華男籃隊以專機方式前往關島參賽，省去長途轉機的疲憊與不便，各家企業像這樣利用自身專長的資源，是最理想的合作狀態。

我們的球隊很爭氣，首戰雖以五分落敗，但第二戰以八分之差取勝，最終以淨勝分三分之差，順利晉級。消息傳來，我再加發一百二十萬元晉級獎金，感謝總教練 C.PARKER 領軍，教練團許皓程、楊哲宜，十六名球員包括陳盈駿（旅外）、吳家駿（璞園）、林韋翰（旅外）、林庭謙（旅外）、吳永盛（旅外）、李啓瑋（台啤）、黃聰翰（台啤）、周桂羽（富邦）、黃泓瀚（領航猿）、胡瓏貿（旅外）、蘇士軒（臺銀）、譚傑龍、陳冠全（領航猿）、周柏臣（裕隆）、李德威（夢想家）、謝宗融（臺銀）。

綜合格鬥

對於還在起步階段的體育活動，我照樣相挺扶持。

同樣是疫情影響全球的二〇二一年，十一月情勢稍緩，由中華民國綜合格鬥協會CTMMAA與武界體育聯合舉辦、台灣最大的綜合格鬥賽事品牌WOTD恢復舉辦。我受中華民國綜合格鬥協會榮譽主席應曉薇市議員的邀請，在格鬥圈受疫情重創之際大力贊助賽事，讓選手們有舞台繼續發揮。民國一一一年並擔任台北市綜合格鬥協會主席一職，更深入參予台灣格鬥運動的推廣。看著男女選手在綜合格鬥、鐵籠搏擊這些項目大展伸手，真的很過癮！我也會打泰拳、參加過「綜合格鬥」，其他像開飛機、駕遊艇，全地形車也都有涉略，我都說自己是過動兒。

最早接觸泰拳，差不多是二〇一一、二〇一二年那時候，有次去泰國去考察，發現泰拳是一個很有藝術的一個活動，而且很有強度，就在當地聘請老師跟著學。回台灣以後繼續，到現在每兩天定期練，連續腳踢、肘擊、飛膝撞，不是隨便做做，我是玩真的！一次都練三十分鐘以上。平常也經常觀摩泰拳比賽，學習選手們的泰拳戰略；重量訓練每次也是三十分鐘。

媒體採訪時，我告訴他們自己最大的嗜好就是打泰拳，不是玩票喔！我可能是少數不用帶保鑣的老闆！我也玩全地形車，它是我最喜歡的大玩具之一，現在台灣只有十幾台，可以征服像是沙灘、草原、碎石路、沙漠等各種越野地形，要膽大心細，是相當刺激的活動。

運動的好處很多，促進健康、保持身材、釋放壓力，這些大家都知道，可是知道還要做到，更要變成習慣。運動過程能幫助人在腦中產生源源不絕的創新想法。會讓人越來越喜歡接受挑戰、克服困難，連帶影響心態。我前面說過，做事業是做長久的，做長久要體力，還要有企圖心。做這些高強度的運動，對練體力、練企圖心很有幫助。

兒童足球

二〇二二世界盃足球賽在卡達舉辦，國內傳統基層足球重大賽事「一一一年度國民小學迷你足球」也搭上這股熱潮，自十月賽期開始至十一月底決賽，總共踢跨全台二十二縣市，超過五百場比賽。我想是不是可以結合風潮和教育，讓足球運動向下扎根，所以贊助迷你足球。

所謂迷你足球，是以幼兒園與國小低年級幼童為主要推廣目標族群，讓國內足球發展基礎擴及六歲以下的孩子，也讓這項全世界風行的運動項目，以小手拉大手的方式更快速地在國內流行。自己當然也帶著孩子一起踢球，運動、紓壓、創造親子互動機會，很開心。

7 警民合作抓搶匪 為所應為

前面講「我可能是少數不用帶保鑣的老闆」不是吹牛，真的發生過。

有天我在台南的路上開車，看到警察車在追一台摩托車，警示燈一直閃，警鳴聲響徹整條街，情況相當緊急的。一般而言，被追的那一方，人慣性是往右再右，大概「ㄇ」字形的意思，騎車開車也是，既順向又不用等左轉。所以我看他們一右轉進巷子，我推測他們會再右轉，於是馬上迴轉，繞到預期他們會過來的方向，把車道擋死，然後就被我猜到了——反正騎進去不是右轉就左轉，我賭他們右轉，馬上堵到。

堵到以後，他們不敢撞，緊急煞住，我就下車一打二，當場徒手擒拿作案的歹徒，趕來支援的警察還向我敬禮說：「謝謝學長！」後來問了才知道是搶劫案，整個過程像演電影似的。

「不怕他們撞過來嗎？」

撞就撞，他們騎摩托車，肉包鐵；我開車，鐵包肉。最多撞壞車子，有什麼好怕？

「對方有兩個人，我只有一個，不怕嗎？」

我從小就練跆拳道、空手道，喜歡運動；當兵又自願去空降特種部隊，接受最嚴格的訓練，擒拿是最基本的，一打二有什麼好怕？受過訓練，根本不是問題。

有人問我，我算「高資產人士」，如果再碰到，還會做同樣的決定嗎？

我就是武俠片裡大俠的個性，路見不平拔刀相助，我還是會去處理。朋友都勸我見義勇爲也要衡量一下，可是我覺得人的一生，就是要俯仰無愧，怎麼可能看到這種事情不出手？這不是我的個性！愛爾麗這些年下來，不認識的人都幫這麼多了，發生在眼前的事，怎麼可能袖手旁觀？

其實這類事件發生過兩次，當時我只有一個人，我一樣把他抓起來。兩次加起來，總共抓過三個歹徒。除了平常捐款、捐設備給警察，這也算另一種警察之友。

8

長期捐贈　目標一百輛救護車

做公益，我通常沒有預設立場，像我父親講的：「你人光溜溜生下來，走之後也是光溜溜，每個人都一樣。」既然出來跟結果都一樣，人世間有什麼好怕的？有什麼事情沒有辦法克服的？

人生在世雖然都是從出生走到死亡，但過程你可以過得不一樣。他覺得人生就是犧牲跟奉獻，不要都只想自己，也要多想想別人，看自己可以幫別人做點什麼。另一方面，我們追隨王永慶先生「取之於社會用之於社會」的精神，把握行善的機會，期望能做更多事情回饋社會。

新聞最常報的算是警消、醫護的部分，還有學校、弱勢族群，我不一定每個都記很清楚，反正有需求的，在我能力所及就幫了。比方新聞報馬偕醫院裡面有個小朋友三度罹患癌症，九歲復發，到十四歲又惡化，要動大刀才能保命。手術加住院、化療的費用高達八十萬，但他們家無力負擔，我知道以後，承諾接下來這一年的全部醫療費用，全部由愛爾麗買單。

媒體寫「霸氣」，其實也不算什麼霸氣，我們剛好有這個能力，我自己也是四個孩子的爸爸，感同身受啊！新北市社會局社工科科長劉文湘表示，由於各大醫院都有愛心基金，馬偕醫院已補助八萬元醫療費，加上民眾、民間團體捐助，小朋友爸爸也說已經夠用，不需要再募款，感謝大家關心。你看各界這樣動起來，是不是很好？

講到這裡，我倒是有個固定目標在做：捐救護車。

愛爾麗剛起步的時候，有一天我在新聞上看到一位賣菜阿姨捐了一輛價值兩百萬元的救護車。不是陳樹菊阿姨，是另一位，忘了什麼名字，總之以她的收入跟奉獻完全不成比例，我覺得這份心很不簡單。截至二〇二二年第四季已經捐了三十五輛，以一百輛爲目標！

救護車有一個地方很特別：設備。也就是說，捐的車輛數是一回事，重點要看裡面的設備。像那位賣菜阿姨十幾年前捐的兩百萬等級，算非常厲害的。我們是從一百五十幾萬等級開始，捐到三百萬、四百萬，等級還在往上。

需求在哪　幫助就該在哪

現在很多企業都會捐救護車，在台北、新北這些六都，捐的人太多。可是像花蓮、台東、屏東、嘉義這些偏遠地方，醫療急救資源卻不夠，很少有像樣的救護車，所以我們在二〇二二年八月二十九號，跟著內政部長徐國勇一起，捐贈一輛全新高頂救護車給嘉義縣消防局，由縣長翁章梁、消防局長呂清海、民雄鄉長何嘉恒代表受贈。

選嘉義縣，是因爲這個農業大縣裡面，高齡者占人口結構比較高，而且全縣救護件數由一九九二年的三千二百一十三件次到二〇二一年的二萬四千四百四十二件次，民眾對救護車需求有逐年上升趨勢，救護車的安全及性能有改善與提升的必要。另一方面，缺資源情況下，消防局同仁付出不打折，像東石救護義消分隊分隊長吳勝良、民雄救護義消分隊助理幹事劉薰璟分別在內政部消防署全國救護績效評比中，榮獲二〇二二年全國救護志工楷模及救護志工菁英，緊急救護科護理師蔡孟學榮獲二〇二一年績優救護人員生命捕手全國乙組第一名，朴子分隊爲二〇二一年全國特殊績優團隊。因此我們調配資源，哪裡需要就往需要去。

這台被命名爲「愛爾麗集團三十一號」的救護車，造價三百五十萬元，內配有十二導程心電圖機及電動擔架床；車身所印的巴騰堡格紋（Battenburg markings），是參考 NFPA（美國消防協會），及內政部消防署「消防車輛反光標識格式」相關規定塗裝，黃、紅色相間斜紋，角度百分之四十五並加大反光條面積提高車輛辨識度，是可有效提高可視性的格紋標記。上線以後，日後將配置在第二大隊民雄專責救護隊服務鄉民。這台只是開始，我在捐車儀式上公開承諾再追加訂一台救護車給嘉義縣，全力支持辛苦的消防同仁。

救護車是救命用的，我之所以越捐越偏鄉，就如聖經馬太福音所述：你施捨的時候，不要叫左手知道右手所做的。我們只期望讓救護資源在不同情境下都派得上用場。

過往二、三十年，沒有部長級的來主持過捐贈儀式，這次我和總經理跟著徐國勇部長一起來，這有一個宣示的意義，要讓政治人物和企業界的有錢老闆知道，每條人命都一樣重要，要做資源分配，要重視偏鄉！

另外我要特地摘要一些媒體報過的捐贈新聞，期望讓愛傳出去，讓有能力的企業或個人都能一起動起來。

．二〇一〇年，台南市

台南市「愛爾麗醫美集團」董事長常如山先生，爲提倡社會公益，秉持著取之社會、回饋社會之理念，特別購買價值新台幣一百五十五萬元設備新穎救護車一輛，捐贈台南市消防局充實到院前緊急救護工作設備。捐贈儀式於一月二十二日上午九時舉行，由市長許添財代表受贈並頒予「造福人群」匾額一面，表揚常董事長之慈善義舉。

「愛爾麗醫美集團」長期經營生技、醫療美容領域，事業版圖已跨及台北、新竹、台中、台南、高雄等五大都市，常董事長秉持感恩的心，用實際行動與付出，一起感受「施比受更有福」之眞諦。此次捐贈之救護車，將配置於消防局第一大隊專責救護隊，強化消防局執行到院前緊急救護能力。

．二〇一八年，台北市

常如山先生及劉貞華女士體認台北市長期致力提升緊急醫療救護品質，訂於一〇七年九月二十六日十五時假愛爾麗國際醫療集團台北總部（台北市內湖區民權東路六段八號）舉辦捐贈救護車儀式，消防局吳局長代表接受捐贈。

消防局指出，常如山先生及劉貞華女士爲了造福地方鄉親，本次捐贈救護車一輛予台北市政府使用，所捐贈之救護車將配置於民權分隊，提升內湖區緊急救護能力，幫助亟需緊急救護的傷病患。

·二〇一九年，宜蘭縣

愛爾麗國際醫療集團董事長常如山、總經理劉貞華，因二〇一八年十月台鐵普悠瑪列車翻車，造成百人死傷，有感於宜蘭縣地方政府急迫需要緊急醫療救護資源，立即決定再次撥列預算，捐贈「愛爾麗17號」一部高級配備的救護車給宜蘭縣政府消防局，希望能協助宜蘭強化地方救護效能，未來能幫助偏鄉地區更多需要緊急救護的傷病患。

宜蘭縣政府消防局局長徐松奕表示，政府資源有限，但民眾愛心無窮，由衷感謝愛爾麗醫療集團使宜蘭縣的民眾及遊客能享有更高品質的緊急醫療救護，此善行義舉實值得社會大眾敬佩與效法。

「愛爾麗17號」捐贈儀式於二〇一九年六月十三日上午由愛爾麗集團張特助及宣傳大使謝祖武等人代表出席，特捐贈宜蘭縣政府消防局礁溪消防分隊救護車一輛。

從去年開始擔任愛爾麗品牌代言人至今的知名演員謝祖武表示，此次參與捐贈全因常董事長的善舉，愛爾麗時常參與公益活動，看見愛爾麗集團在各大救災場合總是在第一時間緊急捐款襄助，讓他深受感動，主動提出免費擔任愛爾麗公益大使參與各大公益活動，也期許自己能在第一時間幫助需要幫助的宜蘭鄉親！

常董事長指出，捐助救護車是每年公益項目的重點之一，爲提供偏遠民眾更完善、更即時的緊急救護資源，也表達回饋鄉里、不忘本的經營理念；此次，愛爾麗醫美集團所捐贈的「愛爾麗17號」救護車，更包含了內部的設備（如一般的氧氣設備、燒傷處理及自動體外心臟去顫器等高級設備），也加裝了和先前捐贈的救護車相同的四面行車紀錄器，讓病患家屬與執勤人員安全多一層保障。

．二〇二〇年，新北市

愛爾麗集團今（三月二十五）日在內政部長徐國勇、消防署長陳文龍、新北市消防局長黃德清、愛爾麗院長李鐵國見證之下，由公益大使謝祖武代表捐贈價值五百萬元的高頂救護車與災情勘查車，並加贈一批護目鏡與防護衣等防疫物資，將愛心直送新北市，爲抗疫增加利器。

愛爾麗集團表示，綜觀醫療資源，新北市有四百多萬人口，醫療資源相較台北市匱乏，因此在疫情嚴峻當下，董事長常如山仍然抱持「施比受更有福」的心情，除捐贈內政部消防署災情勘查車外，更霸氣加碼捐贈新北市消防局最頂級的高頂救護車，總計價值五百萬元。

現場除了展示救護車上氧氣設備、燒傷處理及自動體外心臟去顫器及四面行車紀錄器等器材外，更展示捐贈的防護裝備及多功能拋繩槍，爲結合中央消防署與地方新北市消防局的共同防疫的資源。

・二〇二一年，澎湖縣

專責救護隊自馬公消防分隊遴選六名人員進駐，由高級救護技術員林豐俊帶班，配置救護車及防疫專車各一輛，未來專責執行高風險個案之載送，執勤人員必須穿著C級防護裝備服勤。該隊配置之新型救護車也是二十八日正式啓用，該車係由愛爾麗醫療集團董事長常如山、總經理劉貞華捐贈，原訂二十八日辦理捐贈儀式，因受疫情影響而延期，常董事長慷慨應允防疫優先，該車即日起做爲防疫專責救護之用，另又追加捐贈防疫裝備一批。

對於常董事長及劉總經理熱心公益、回饋社會之義舉，縣長賴峰偉特別表示感謝。賴縣長表示，澎湖縣緊急醫療救護量能遠不及台灣本島，防疫工作尤不容絲毫鬆懈，守住破口，才能延續零確診的優勢。

董事長常如山表示，雖然集團的事業體沒有在澎湖，但仍需要大家多盡一份心力，共體時艱，大家一起守護這塊家園。

・二〇二三年，内政部消防署

内政部消防署特種搜救隊搭配空中勤務總隊直升機，執行國內山巔海角之吊掛救援任務，常董事長有感於特搜人員飛行頭盔老舊，應給予特搜人員最妥善的執勤保障，之前已於一一二年一月九日在內政部政務次長花敬群及消防署署長蕭煥章見證下，由愛爾麗集團捐贈三十一頂飛行救難頭盔（市價新臺幣三百二十二萬餘元），讓特搜人員搭配執行直升機執行重大災害搶救任務時，能全心全力投入災區搶救，無後顧之憂地執行直升機吊掛救援任務。

・二〇二三年，內政部消防署

一一二年二月六日土耳其加濟安泰普省發生規模七點八強震造成重大傷亡，內政部消防署、臺北市政府消防局、臺中市政府消防局及屏東縣政府消防局組成臺灣國際搜救隊，派一百三十人、五隻搜救犬、裝備器材十三噸赴土耳其救災，成功救出兩人，期間愛爾麗集團積極協調嫁至土耳其的臺灣媳婦協助臺灣國際搜救隊災區救災翻譯事宜，提升救災效率；同時，常董事長有感先進搜救器材對於倒坍現場之人命搜救有關鍵重要性，主動表示捐贈新式搜救器材之意願，臺灣國際搜救隊有常董事長在背後溫暖又強韌的支持，與外交部合作透過外交管道捐助土耳其AKUT搜救隊約四噸救援裝備器材，強化臺灣與土國的震災搜救互助機制，因常董事長的善念，無意間促成一樁國際好事。而愛爾麗集團於一一二年三月二十一日捐贈內政部消防署特種搜救隊價值約一千兩百五十萬元之新式搜救器材，大大提升震災搶救量能。

不求回報的發心最強大

我常說「民力無窮」，有些時候從我們做起，拋磚引玉、聚沙成塔，看起來不可能的事，一點一滴累積起來就成了一股力量。前幾年，有位企業界大老的母親急病，接獲訊息趕來別墅區的救護車，上面有愛爾麗醫療集團字樣。這位大老後來每次碰到我都要感謝一遍，並且也開始像我們一樣固定提撥盈餘做公益。

當然還有一些人他不具名，默默做的，那樣也很好。像我父親說的，人生在世，要做一些奉獻。行善是可喜的，默默行善則更可貴。在你的能力範圍內，先把自己照顧好、把家人照顧好，人生一百分；如果更有能力，創業者就把公司員工照顧好；再上去就是對國家社會貢獻。如今的我也是一步一步來的，現在做的這些，哪有什麼利益關係，其實奉獻就是不需要任何回報，這樣發心才最自然。

受到從小家裡灌輸：「錢財乃身外之物，生不帶來，死不帶去。」的觀念影響，加上我們每年都在賺錢、每天在賺錢，吃穿花用都夠，拿去多幫助人不是更好？看到我們的救護車出動，有救到人、有提升急救成功率，那種有爲國家社會貢獻的感覺，無價。

意外收穫的 CSR、ESG

有時候做好事有好報，完全不在意料當中。

愛爾麗很早就投入公益，那個時候還沒有這麼多企管名詞。沒想到我們做著做著，跟後來國際上講的 CSR（Corporate Social Responsibility，企業社會責任）、ESG（Environment, Social, Governance，環境保護、社會責任與公司治理，意指企業永續經營）不謀而合。愛爾麗平常就在做，而且表現都在水準以上。

平心而論，愛爾麗經營得不錯，但我不是最有錢的人，比我有錢的太多太多了，可是做公益回饋社會的人有多少？

想一想，一個人一天能花多少、一年能花多少？如同前面所述，人生在世都由老天爺所賜，我現在賺的錢也不是我的，就數字在增加而已，你把這些錢抓在手上、全部給小孩，有意義嗎？我早就跟小孩說，養他們到十八歲，再來就自己想辦法。個人資產方面，應該在吵之前就做分配，配好了以後，將大部分能夠貢獻出來的，給到社會上需要的角落。

企業成功了，要記得錢是從社會賺來的，要取之於社會，用之於社會，對於善的生活不用求報酬，行善的喜悅就是我們獲得的報酬。這是我的理念。

國家圖書館出版品預行編目(CIP)資料

傳奇總裁　贏在心性/常如山著. -- 初版.
-- 臺北市 : 大大國際, 2023.04
面；　公分
ISBN 978-626-96665-3-9(平裝)

1.CST: 常如山 2.CST: 企業家 3.CST: 傳記

783.3886　　112001115

傳奇總裁 贏在心性

作　　者：常如山
主　　編：莊宜慮
撰文協力：鄧文華
美術設計：Daniel
數 位 部：吳重光 林玉娟
出版總監：林千肅

出 版 者：大大創意有限公司
出版中心：大大國際
地　　址：臺北市中正區鎮江街5-1號7樓
粉絲專頁：https://www.facebook.com/DADA.Creativity
E-mail ：dada23114194@gmail.com

總 經 銷：采舍國際有限公司
地　　址：新北市中和區中山路二段366巷10號3樓
電　　話：02-82458786 (代表號)
傳　　真：02-82458718
網　　址：http://www.silkbook.com　新絲路網路書店

初　　版：2023年4月
初版六刷：2023年4月
定　　價：請參考封面